Michael Sturm

# Der „5-Minuten-Trader"

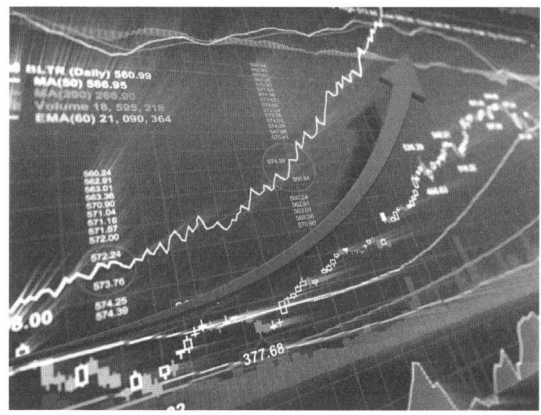

Michael Sturm

MINUTEN
**TRADER**
Schnell – Einfach – Gewinnen

GeVestor
Scharfsicht zahlt sich aus.

Bibliografische Information der Deutschen Bibliothek
Die Deutsche Bibliothek verzeichnet diese Publikation
in der Deutschen Nationalbibliografie;
detaillierte bibliografische Daten sind im Internet
über http://dnb.ddb.de abrufbar

## Impressum

GeVestor Financial Publishing Group
Theodor-Heuss-Straße 2–4
53177 Bonn
Telefon +49 228 8205-0
Telefax +49 228 3696480
info@gevestor.de
www.gevestor.de

Verlagsleitung: Cathrin Gutmann
Chefanalyst: Michael Sturm (V.i.S.d.P.)
Satz: ce redaktionsbüro für digitales publizieren, Heinsberg
Umschlagabbildung: Henrik5000@istockphoto
Druck: Beltz Bad Langensalza GmbH, Bad Langensalza

ISBN: 978-3-8125-1852-9

Kunden-Service: Für alle Fragen und Mitteilungen, die
Ihren Bezug des 5-Minuten-Traders betreffen, stehen Ihnen die
Mitarbeiter unseres Kunden-Service unter der Telefonnummer
0228/9550185 gerne zur Verfügung.

© 2018 GeVestor
GeVestor ist ein Unternehmensbereich der
Verlag für die Deutsche Wirtschaft AG
Vorstand: Richard Rentrop · USt.-ID: DE 812639372
Amtsgericht Bonn, HRB 8165

# Inhalt

# Einleitung

Liebe Leserin, lieber Leser!

Sie haben die richtige Wahl getroffen: Mit dem „5-Minuten-Trader" und seiner einzigartigen Time-Spread-Strategie sowie den Zusatz-Prozente-Empfehlungen haben Sie ein Instrument in der Hand, mit dem Sie Ihren Anlageerfolg an der Börse gezielt optimieren können.

Michael Sturm
Chefanalyst
5-Minuten-Trader

Dieses Handbuch dient Ihnen als Leitfaden für die kommenden Empfehlungen und zeigt Ihnen, wie die Strategie des „5-Minuten-Traders" funktioniert. Mit diesem Handbuch haben Sie alle Informationen an der Hand, die Sie benötigen, um meine Strategie erfolgreich umzusetzen. So können Sie alle Trading-Chancen, die Sie in Zukunft mit dem „5-Minuten-Trader" erhalten, gezielt und sicher platzieren.

Machen Sie sich dabei bitte klar, dass gerade in der gegenwärtigen Lage an den Wertpapiermärkten besondere Umsicht erforderlich ist und dass sämtliche auch in diesem Dienst ausgesprochenen Empfehlungen nicht nur mit Chancen, sondern eben auch mit Risiken verbunden sind.

## Die Performance des 5-Minuten-Traders

Von den letzten 172 Positionen „Time-Spreads" und „Zusatz-Prozente" wurden 77,40% mit Profit abgeschlossen. Die Rendite lag bei +17,53% pro Trade inklusive aller Negativtrades!

## Nutzen Sie die Empfehlungen des 5-Minuten-Traders

Diese Risiken nun so gering wie möglich zu halten und durch schlaue Trades mittel- und langfristig Vermögen aufzubauen ist das Ziel des 5-Minuten-Traders. Die genauen Vorgaben für die Trades ermöglichen es Ihnen, Ihre Anlagechancen zu erhöhen und Ihre Verlustrisiken systematisch zu begrenzen. Dies gelingt mithilfe klar definierter und in jeder Empfehlung ausdrücklich genannter Kursziele, Limitbandbreiten und der Angabe des Börsenplatzes.

## Die ersten Schritte

Auf den folgenden Seiten werden Sie nun Schritt für Schritt an die Umsetzung unserer Signale herangeführt. Wenn am Ende noch Fragen offen sein sollten, scheuen Sie sich bitte nicht, nachzuhaken. Schicken Sie Ihre Frage an redaktion@5minutentrader.de und ich antworte Ihnen, so schnell es mir möglich ist. Der persönliche Kontakt zu Ihnen ist mir sehr wichtig.

Ich freue mich auf gemeinsame erfolgreiche Trades!

Ihr Michael Sturm

Chefanalyst
5-Minuten-Trader

# Die Methode

Meine Strategie lautet: „Handeln mit Verstand" und die Börse und die Zeit tun Ihr Übriges dazu. Der vordergründige Sinn ist „Keep it simple!", also auf Deutsch „Halte es einfach!". Die empfohlenen Positionen werden immer montags und immer nach demselben Muster aufgebaut.

Dazu gehört bei mir neben einem sehr arbeitsintensiven Beobachtungs- und Selektionsprozess eine disziplinierte Handelsstrategie, die ich extra für den 5-Minuten-Trader entwickelt habe. Ausgewogen und diszipliniert zum Ziel: einem zweistelligen Profit. Jahr für Jahr, immer wieder.

# Der Ablauf

Pünktlich jeden Montag erhalten Sie eine konkrete Empfehlung, die Sie sofort umsetzen können. Sie geben die Daten einfach in die Ordermaske Ihres Online-Brokers ein, zusätzlich erhalten Sie zu jedem Trade eine ausführliche Klick-für-Klick-Anleitung. Fertig! Arbeitsaufwand: 5 Minuten.

Für diese Empfehlungen an der DTB/EUREX, den US-Börsen oder allen anderen Terminbörsen, ist keine WKN nötig. Sie erhalten mit einer solchen Empfehlung immer eine Step-by-Step Anleitung für die Brokerplattformen von Brokern, bei denen Sie die Strategie handeln können. Sie brauchen nur den Klick-Anweisungen zu folgen. Für den richtigen Broker habe ich Ihnen in diesem Handbuch eine Übersicht (ab Seite 35) erstellt.

Und für die Gewinnmitnahme liefere ich gleich die zugehörigen Verkaufslimits mit. So können Sie direkt jeweils am Montag das „All in one"-Paket handeln. Fertig! Dann heißt es nur noch abzuwarten und die Zeit für sich arbeiten zu lassen. Ich verfolge jede empfohlene Chance und begleite diese bis zur Glattstellung. Jede Woche freitags informiere ich Sie in meinem Wochenupdate auch ausführlich über die bestehenden noch offenen Positionen und das aktuelle Portfolio. Zusätzlich erhalten Neueinsteiger dort Informationen zu Systemtrades, in die sie noch günstig einsteigen können.

## Konsequent einfach

Ein Trade pro Woche. Immer am Montag. Sie brauchen nicht ständig in Alarmbereitschaft zu sein, sondern können sich nach der Umsetzung am Montag beruhigt zurücklehnen. Ich kümmere mich um die Nachverfolgung der Trades und sende Ihnen eine Mitteilung, wenn Positionen geschlossen werden sollen.

## So wird Traden kinderleicht

Bei jedem Trade haben Sie die Wahl zwischen meinen einfachen Klick-für-Klick-Anleitungen **oder** Sie können auf unsere neueste Handels-Innovation GeVestor ONE CLICK TRADING zugreifen. Die neue Handels-Lösung ermöglicht den Handel mit einem vorausgefüllten Orderticket samt meinen Empfehlungen. Sie müssen nur noch Ihre gewünschte Stückzahl eingeben. Kein lästiges Abtippen. Keine Fehlerquote. 100 % einfach, sicher und bequem.

Einfach loslegen unter: **www.gevestor.oneclicktrading.de**

Immer freitags erhalten Sie ein **„Wochenupdate"**, um auf dem Laufenden zu sein. Dort kommentiere ich kurz besondere Aktivitäten und liste die bestehenden Positionen des Musterdepots mit aktuellen Kursen auf. So können Sie ganz einfach **Ihre Positionen abgleichen.** Auch Nachzügler und Neueinsteiger finden hier **aktuelle Kauflimits für noch zum Einstieg lohnende Positionen.**

Und so sieht ein Wochenupdate aus:

Der Ablauf

Michael Sturm, Analyst und
Chefredakteur

Inhalt:

- Ihre Systemtrades steigen an!

- Paypal +70,82%, Daimler
  +56,44%: **Warum noch halten?**

- Was ist Margin?

- Liste aller offenen Positionen

- Frage&Antwort: Hinweis zum
  Verkauf des VOW3 Kalender?

## Ihr Draht zur Redaktion

Sprechstunde immer freitags:
11,00-12:00 Uhr
Tel. 0 18 03 - 001 883

Per E-Mail:
redaktion@5minutentrader.de

## Lieber 5-Minuten–Trader,

### Unser Depot wächst!

### Ihr Paypal Diagonal +70,82%, Ihr Daimler Diagonal +56,44% Warum noch nicht abkassieren?

Ihr Paypal Diagonal Systemtrade Nr. 94/17 und Ihr Daimler Diagonal Systemtrade Nr. 133/17 haben sich **im Kurs explosionsartig entwickelt**. Beide Positionen liegen bereits vorzeitig oberhalb des von mir bei der Empfehlung vorgegebenen Zielkorridors. Da stellt sich die Frage: Warum nicht verkaufen und die schönen Gewinne mitnehmen?

Die Antwort lautet: Weil es **Diagonal** ausgelegte Systemtrades sind.

**Beim Paypal-Deal** beträgt die Basispreisdifferenz der beiden im Spread verknüpften Optionen 5,00 USD (65 - 60). Das bedeutet, Ihre Position kann nicht weniger als 5,00 USD (+63,94% Gewinn) kosten, solange die Paypal-Aktie oberhalb des Basispreises (65 USD) liegt. Sie kostet aktuell etwa 83,00 USD und liegt deutlich darüber. Hier kann also nichts anbrennen, 5,00 USD können als sehr sicher angesehen werden. Ganz im Gegenteil, sollte Paypal im Kurs bis auf 65,00 USD sinken, wird Ihr Trade teurer. Das liegt an den unterschiedlichen Aufgeldern.

**Beim Daimler-Deal** beträgt die Basispreisdifferenz 4,00 Euro (72 - 68). Der Kurs des Spreads beträgt heute aber nur 3,52 Euro. Das sind zwar schon +56,44% Gewinn für Sie, aber das bedeutet auch, sollte die Daimler-Aktie sich am Laufzeitende (in 8 Wochen) oberhalb von 72,00 Euro aufhalten, dann wird dieser Trade sogar auf über 4,00 Euro (+77,78 % Gewinn) ansteigen müssen. Und das sieht gut aus, denn Daimler notieren aktuell bereits bei fast 75,00 Euro. Den höchsten Profit kassieren Sie, wenn Daimler am Laufzeitende zwischen 71,50 und 72,50 Euro schließt. Dann dürfen Sie einen Spreadkurs von 4,50 Euro (+100,00% Gewinn) oder noch mehr erwarten. Deshalb lautet meine klare Empfehlung: Halten und kein Stück herausgeben!

### Neueinsteiger: Das richtige Setup einrichten für 2018!

Wenn Sie auch abseits der Banken die Systemtrades mithandeln und schnell hohe Gewinnschecks wie bei Paypal oder Daimler kassieren möchten, müssen Neueinsteiger sich zunächst einmal vorbereiten. Dazu gehört in erster Linie die Handelsfähigkeit für die speziellen Systemtrades herzustellen.

Bei Fragen zum Broker halte ich eine Brokerauswahl bereit und bei Fragen zur Depoteröffnung halte ich eine Ausfüllhilfe für Sie bereit. Fragen Sie einfach per Mail an redaktion@5minutentrader.de danach!

**Ich wünsche Ihnen ein schönes Wochenende, herzlichst,**

Michael Sturm, Chefredakteur „5-Minuten-Trader"

**GeVestor**
*Scharfsicht zahlt sich aus.*

## Was ist eigentlich Margin?

Viele schrecken immer wieder vor diesem Begriff im Zusammenhang mit Trades zurück. Das ist aber völlig unbegründet, denn **Margin ist kein Geld** und nicht negativ, sie ist einfach **ein fiktiv auf dem Depotkonto geblockter Betrag** für die Sicherheit des Depots.

Sie beeinflusst den Stand Ihres Depots nicht! Sie ist ähnlich dem geblockten Betrag auf Ihrer Kreditkarte bei einer Autoanmietung. Die geblockten Beträge können nicht für weitere Käufe eingesetzt werden, werden aber wieder frei, wenn das Auto wieder zurückgebracht wurde, also der Trade wieder geschlossen wurde.

Wenn Sie **bei Ihrer Bank normale Aktien kaufen**, kann der dafür aufgewendete Kaufbetrag nicht für weitere Käufe verwendet werden, das ist **auch eine Margin**. Bei den **Profibrokern** (Lynx, Agora, Cap-Trader, IB etc.) ist dieser Betrag **sogar viel niedriger als bei Ihrer Bank**.

Für gewisse Trades wird von den Börsen eine höhere Margin angesetzt. Die **Gesamt-Margin** darf nicht den Wert des Gesamt-Depots überschreiten, sonst können Sie keine weiteren Käufe durchführen und müssen erst Positionen schließen.

## Fragen und Antworten: So wird Ihnen geholfen

Wenn Sie eine Frage haben, empfehle ich Ihnen den **exklusiv für Sie eingerichteten FAQ-Bereich unter www.gevestor-login.de**. Hier wurden die wichtigsten und häufigsten Anliegen für unsere Abonnenten gebündelt.

Auch die **Frage&Antwort-Sektion** (FAQ) in den Wochenupdates ist oftmals sehr hilfreich rund um Themen der aktuellen Woche. Auf die meisten Fragen finden Sie dann schon eine Antwort.

Sollten Sie dort keine Antwort auf Ihre Frage erhalten, bin ich gerne bereit, mich dieser persönlich anzunehmen. Ich weise aber rein vorsorglich daraufhin, dass die Antwortzeiten aufgrund der jeweiligen Börsensituation variieren können.

Bitte haben Sie Verständnis dafür, **die oberste Priorität haben Markt/Analyse/ Recherche/Handel und selbstverständlich Ihre Positionen.**

# Das Ziel des 5-Minuten-Traders

Mein Ziel ist es, mit den Empfehlungen im 5-Minuten-Trader eine stetige, weit über der Benchmark liegende Jahresperformance zu erzielen.

Diese Zielgröße wird mit 2 voneinander verschiedenen Strategien erzielt. Ich führe ein Hauptstrategiedepot, das **„Time-Spread-Depot"**, mit ausgeklügelten Systemtrades, die eine überhohe Sicherheit bieten und die Zeit für Sie arbeiten lassen, bei Renditen, die im Durchschnitt bei +30% und höher pro Trade liegen. Diese werden in der Regel nach 3 bis 6 Monaten abgeschöpft. Viele Systemtrades erreichen aber bereits frühzeitig ihr Ziel. So können Sie teilweise schon nach 5 bis 8 Wochen hohe prozentual zweistellige Gewinne kassieren.

Das zweite Nebendepot behandelt sich ergebende Sonderchancen. Diese streue ich dann und wann einmal ein, wenn sich die Gelegenheit für ein Sondertrading ergibt. Ich liste diese Trades separat in einem Depot mit dem Namen **„Zusatz-Prozente"**.

Diese Empfehlungen, die ich im Wechsel mit einstreue, wenn es gerade gute Aussichten gibt, sind Zusatzstrategien, die einen noch höheren Gewinn als die anvisierten +40% pro Trade ermöglichen. Hier sind durchaus auch einmal +100% oder mehr drin!

In 2018 werden die Börsen nach Meinung der überwiegenden Anzahl der Analysten und Fachleute immer noch sehr volatil verlaufen und von Angst geprägt sein. Dennoch bin ich davon überzeugt, dass es in meinen Depots dank der ausgeklügelten Strategien auch 2018 weiterhin sehr gut laufen wird. Das Ziel jedenfalls steht fest: Auch 2018 wollen und werden wir den Index wieder einmal deutlich schlagen!

Das ist mir in bisher allen Börsenjahren seit Start des 5-Minuten-Traders gelungen.

# Für wen ist der 5-Minuten-Trader?

Der 5-Minuten-Trader ist der richtige Börsenbrief für jeden Anleger mit wenig Zeit, der professionelle Strategien anwenden möchte, aber sein Kapital nicht gerne in fremde Hände und Banken gibt. Hier sind in den vergangenen Jahren aufgrund der gesteigerten Gewinnsucht der Banken bei vielen Anlegern hohe finanzielle Schäden entstanden.

Anders dagegen der 5-Minuten-Trader. Hier werden Sie Strategien an der Börse umsetzen, die zweistellige Renditen abwerfen, aber gleichzeitig überhohe Sicherheiten beinhalten. Gleich mehr zu meinen außergewöhnlichen Strategien.

Jeden Montag gibt es eine Empfehlung, die Sie möglichst zeitnah umsetzen sollten. Ich gebe Ihnen immer Limits mit an, damit Sie sicher sein können, ob es noch sinnvoll ist, eine Position zu eröffnen.

# Anlagehorizont

Der Anlagehorizont bei der „Time-Spread"-Strategie ist in der Regel auf etwa 3 bis 6 Monate ausgelegt. Bei vorzeitigem Eintreffen der Prognoseszenarien wird die Position auch früher geschlossen und Gewinne frühzeitig mitgenommen.

Durch die deutlich unter einem Jahr liegenden Gewinnmitnahmen können Sie Ihr anfänglich investiertes Kapital in einem Jahr mehrfach erneut gewinnbringend einsetzen und somit vermehrfachen. Die Jahresrenditen für Ihr anfänglich eigesetztes Kapital liegen somit nicht selten im prozentual dreistelligen Bereich!

# Der Kerngedanke des 5-Minuten-Traders

Wir reden hier nicht darüber, ziel- und planlos Optionen zu kaufen, und dann zu hoffen, dass der Markt sich richtig bewegt. Wir reden über Optionsstrategien, die mühsam berechnet und feingetunt sind, die seriös arbeiten und Ihnen Geld einbringen – Monat für Monat für Monat. Unsere Motivation liegt nicht in Hoffnungen, Träumen oder Gebeten. Wir reden hier über Tradingstrategien, die sich bewährt haben und Ihnen bei minimalem Aufwand Gelassenheit gewährleisten.

Dies ist bei Weitem die beste Strategie, Optionen zu handeln und ein festes Einkommen zu erzielen, Monat für Monat, immer wieder.

Diese Tradingstrategien sind allen bekannten Investments überlegen. Wenn Sie irgendeine Option kaufen und dann wieder verkaufen, gehören Sie vielleicht mit etwas Glück zu den Gewinnern. Vielleicht sogar zwei oder dreimal hintereinander. Aber irgendwann läuft der Markt gegen Sie und Sie verlieren alles, was Sie vorher verdient haben. Meist sogar noch mehr.

Das läuft beim 5-Minuten-Trader anders: Die im 5-Minuten-Trader an Sie immer montags vermittelten Systemstrategien lassen Sie vergessen, dass Börsenhandel gefährlich, hektisch und stressintensiv ist. Sie lernen eine völlig neue Art des Tradens kennen. Wenn Sie dies einmal ein Jahr lang durchgeführt haben, erkennen Sie den Wert dieses Produktes und möchten nie mehr anders handeln.

Beispiel: In der unsicheren Zeit des Brexit-Votums in Juni/Juli 2016 haben viele Investoren Geld verloren. Meine Leser hingegen konnten mehrfach abkassieren und haben dabei zwischen +29,03% und +91,67% pro Trade verdient.

# Die 2 Strategien
# des 5-Minuten-Traders

# Time-Spread und Zusatz-Prozente

Und das sind unsere beiden Strategien:

- Time-Spreads
- Zusatz-Prozente

### Die beiden Strategien

Zu Ihrer Übersicht listen wir die beiden Strategien in getrennten Depots.

Die **Time-Spreads** werden etwa dreimal pro Monat gehandelt. Das Ziel ist, 15% bis 50% Gewinn auf Basis einer Systemstrategie zu erzielen, bei der die Zeit für uns arbeitet, und bei der Bewegungen an der Börse sehr gut abgefedert werden.

Das Zeitfenster liegt bei 3 bis 6 Monaten nach Kauf des Time-Spreads.

Die **Zusatz-Prozente** werden hinzugemischt. Das Ziel ist es, Sonderchancen auszunutzen. Das können beispielsweise kurzlaufende abgesicherte Options-Strategien mit Ziel von schnellen +10% bis +20% sein, oder auch längerlaufende Sondertrades mit einem Potenzial von über +100%.

Gekauft wird immer montags.

Sie können von diesen beiden Strategien einzeln oder kombiniert außerordentlich profitieren, ohne ständig online und permanent auf der Hut zu sein. Crashs können Sie ab sofort gelassen entgegensehen. Mit den Time-Spreads verdienen Sie auf Dauer gutes Geld, weil die Zeit für Sie arbeitet. Mit den Zusatz-Prozenten verdienen Sie mit der freien Liquidität zusätzlich ein paar Prozent, Woche für Woche.

## Kontogrößen

Ich empfehle für die Umsetzung beider Strategien folgende Depotgrößen: Zum Testen reichen 5.000 Euro aus. Sinnvoll für die Vermögensvermehrung sind Depotgrößen ab 10.000 Euro.

Der jeweilige Einsatz richtet sich nach einem bestimmten Schlüssel. Bei den Strategien werden pro Position 3% bis 5% des jeweils vorhandenen Depotkapitals eingesetzt. In Ausnahmefällen können günstige Nachkäufe bis etwa 10% des Depotkapitals pro Position führen.

Da wir thesaurierend arbeiten, werden die Nettoeinsätze nach einer gewissen Zeit größer, weil Ihr Depot mehr an Wert hinzugewonnen hat.

Bestes Beispiel: In 172 Trades wurden durchschnittlich +17,53% Gewinn pro Trade erzielt. Alle Negativtrades sind bereits vollständig mit eingerechnet.

Dabei ist anzumerken, dass dieses Ergebnis mit einer durchschnittlichen Cashquote von fast 50% erzielt wurde. Das bedeutet, wir hatten viel Kapital in der Hinterhand, falls es einmal zu Extremsituaionen an der Börse kommen sollte. So konnten alle ruhig schlafen!

# So funktioniert der Time-Spread

**Ihre Vorteile:**

● **Nur einmal wöchentlich montags kaufen**
● **Hohe Sicherheit durch hohe Trefferquote**
● **Gewinne auch bei nicht steigenden Börsen**
● **15 bis 50% Profit in 3 bis 6 Monaten**
● **Die Zeit arbeitet für Sie**

### Beispiel Time-Spread auf Mondelez International Inc.

Am 14.03.2016 habe ich im Bericht Nr. 33/2016 meinen Lesern empfohlen, einen neuen TimeSpread auf Mondelez International Inc. einzukaufen. Ich erwartete +30% bis +60% Kursgewinn in 12 Wochen.

Die Mondelez-Aktie notierte am Empfehlungstag bei 42,30 USD. Der starke Trend seit Februar blieb intakt. Die Spreadkurse der Call-Optionen boten einen günstigen Einstiegszeitpunkt für einen **3-Monats-Time-Spread.** Ich hatte dafür die Basis 45 und Short-Call 17. Juni 2016 sowie Long-Call 16. September 2016 ausgewählt.

**Der Vorteil für die Leser** lag darin, dass sie die Möglichkeit einer dreifachen Einnahme haben, sollte die Mondelez-Aktie wider Erwarten stärker fallen. Denn wenn der Short-Juni-Call wertlos verfällt (das tut er, wenn die Mondelez-Aktie nicht über die Basis von 45 USD steigt), könnten sie sofort einen weiteren Call mit Laufzeit Juli verkaufen und eine weitere Einnahme generieren. Das Spiel (falls Mondelez weiterhin schwach bleibt) könnte dann im Juli mit dem Verkauf eines August-Calls erneut betrieben werden usw. Das Prinzip kennen Stammleser vom 5-Minuten-Trader.

Auf diese Weise erwartete ich eine Aufsummierung von Profiten, die zu einem Kursgewinn von **mindestens +30%** bis spätestens September 2016 (Verfallstermin des Long Call) führen wird, wenn die erste Gewinnerwartung zu Mitte Juni nicht aufgeht.

Der Mondelez-Aktienkurs stieg ein wenig auf 44,37 USD an. Ein Kursplus von +4,89%. Das reichte aber aus, um bereits nach nur 8 Wochen am 11.05.2016 im Bericht Nr. 52/2016 den Time-Spread mit +66,66% Profit zu schließen. Für dieses Ergebnis benötigt ein Aktieninvestor einen Mondelez-Aktienkurs von 70,50 USD. Das zeigt, wie überlegen die Strategie gegenüber einem „normalen" Investment ist! Denn trotz eines Mondelez-Aktienkurses von nur 44,37 USD konnten meine Leser satte +66,66% Gewinn vom Tisch räumen!

## Funktionsweise der Time-Spread-Strategie

Ich kann Ihnen natürlich nicht in so kurzer Zeit die vollständigen Hintergründe und Geheimnisse eines Time-Spreads erklären. Ich möchte Ihnen aber einen Einblick in die Funktionsweise geben und anhand des von meinen Lesern gehandelten Mondelez-Time-Spreads beispielhaft vorführen, wie überlegen diese Strategie ist. Den Rest erlernen Sie mit der Zeit. Dafür habe ich eigens für Abonnenten einen speziellen Zugang im Internet geschaffen, wo Sie anhand von Erklärstücken und Lehrvideos die Materie verstehen lernen. Nun aber zu unserm Beispiel:

### Zunächst einmal die Grundlagen zum Time-Spread:

Sie kaufen auf Ihr Wertpapier einen Call an der Terminbörse ein. Dieser hat eine bestimmte Restlaufzeit. Sie liegt irgendwo in der Zukunft, vorzugsweise 4–12 Monate. Gleichzeitig verkaufen Sie haargenau den gleichen Call, nur mit einer kürzeren Laufzeit. Durch diese Optionenkombination, einmal Kauf und einmal Verkauf, also einmal Kaufpreis zahlen und einmal Verkaufspreis einnehmen, zahlen Sie nur die Differenz zwischen den Kursen der beiden Call-Optionen.

Diese Differenz beruht auf den unterschiedlichen Zeitwerten der beiden Call-Optionen. Denn sie sind beide vollkommen identisch, lediglich die Laufzeit unterscheidet sie.

Es ist logisch, dass ein Call mit längerer Laufzeit etwas teurer ist als ein Call mit kürzerer Laufzeit. Und genau diese Differenz in den Zeitwerten bezahlen Sie anfangs als Kaufpreis der Optionenkombination. Jetzt ist aber genau diese Zeitwertberechnung der beiden Calls das Geheimnis der hohen Profite der Time-Spread-Strategie.

**Der Zeitwert einer Option sinkt mit der Zeit. Am Laufzeitende beträgt sie Null.** Das bedeutet: Die kürzer laufende Call-Option hat am Laufzeitende keinen Zeitwert mehr. Hingegen besitzt die länger laufende Call-Option noch einen Zeitwert.

In der Regel sinkt die Zeitwertkurve der kürzerlaufenden Call-Option schneller als die der länger laufenden Option. Wenn beide Zeitwertkurven jetzt übereinandergelegt werden, dann entsteht eine Schere zugunsten der länger laufenden Option.

Das sieht in etwa so aus:

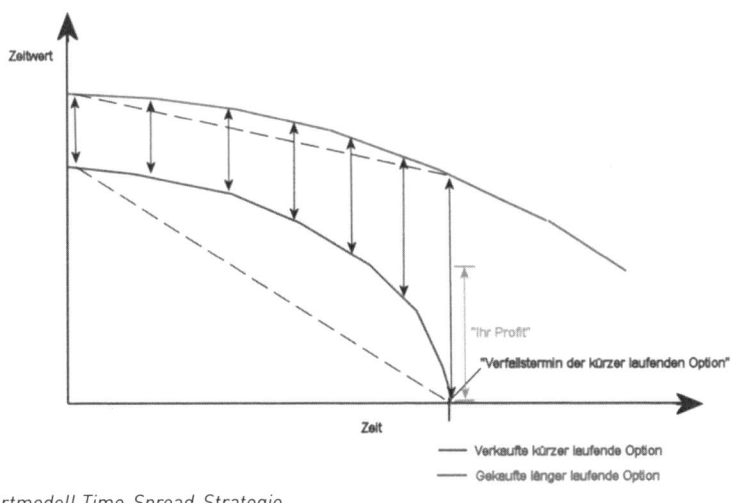

*Zeitwertmodell Time-Spread-Strategie*

## So funktioniert der Time-Spread

Sie können an dem Beispieldiagramm erkennen, dass die Differenz der Zeitwerte beider Optionen immer größer wird. Gegen Ende der Laufzeit der kürzer laufenden Option ist sie maximal. Das bedeutet für Sie, der anfangs gezahlte Kaufpreis ist geringer als der Preis am Laufzeitende. Resultat: Ein hoher Profit.

**Ein weiterer zu berücksichtigender Parameter:**

Die oben eingezeichneten idealisierten Zeitwertkurven verlaufen genau so wenn der zugrunde liegende Aktienkurs ebenfalls gleichbleibt. Was aber, wenn der Aktienkurs sich während der Laufzeit verändert? Dann verschieben sie sich auf der Zeitwertachse und verflachen oder verstärken sich.

Genau dieses Feintuning ist aber der Schlüssel zum Erfolg. Das übernehme ich für Sie. Die Auswahl der richtigen Basispreise und Laufzeiten spielt dabei eine wichtige Rolle, wie auch die Wahl der richtigen Wertpapiere/Aktien. Dies ist essenziell für einen Erfolg der Strategie.

**Das Beispiel des Mondelez-Time-Spreads vom 14.03.2016:**

Ich hatte meinen Lesern mit Bericht Nr. 33/2016 am 14.03.2016 den Mondelez-Time-Spread empfohlen. Sie konnten ihn zum Kurs von 0,75 USD kaufen. Nur 8 Wochen später, am 11.05.2016, empfahl ich in Bericht Nr. 52/2016 den Verkauf zum Kurs von 1,25 USD. Meine Leser konnten +66,66% Profit in nur 8 Wochen erzielen.

Im folgenden Chart sehen Sie die Mondelez-Aktienkurse im Haltezeitraum.

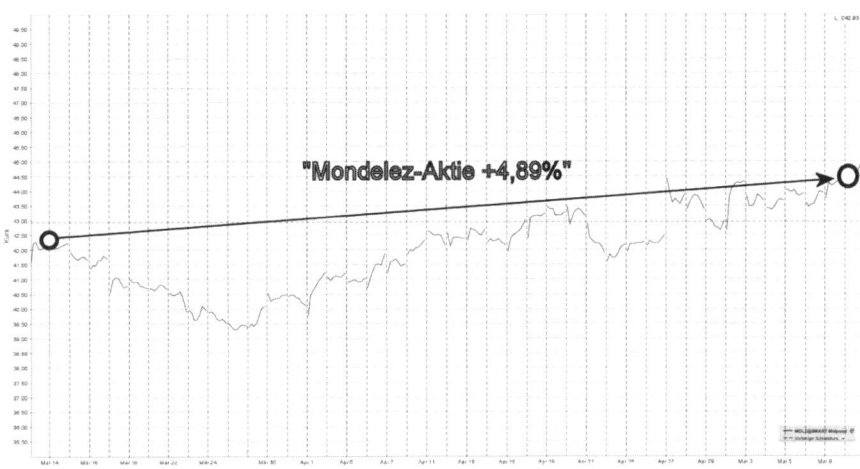

*Mondelez-Aktie vom 14.03.2016 bis 11.05.2016*

Mondelez hat im Zeitraum zwischen An- und Verkauf des Time-Spreads um +4,89% zulegen können.

Zum Vergleich sehen Sie hier die Entwicklung des Time-Spreads im Vergleich zum Aktienkurs.

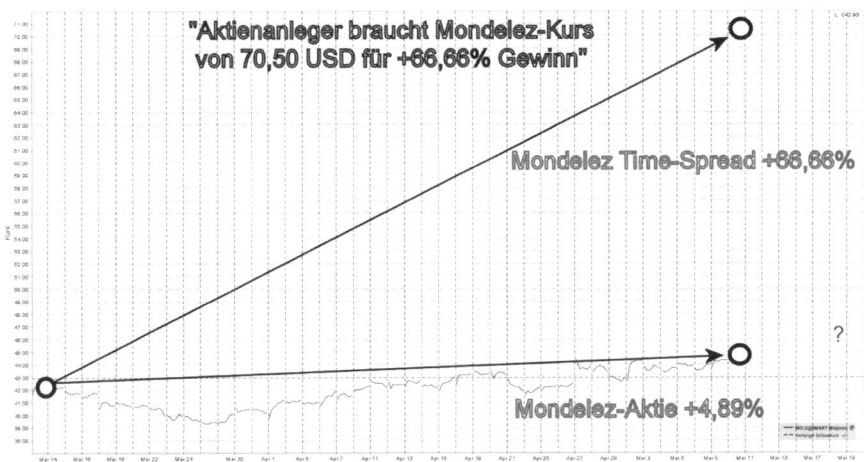

*Performance-Vergleich Mondelez-Aktie mit Mondelez Time-Spread*

**Der Mondelez-Time-Spread meiner Leser konnte im gleichen Zeitraum um +66,66% zulegen.** Das entspräche einer Aktienkursentwicklung der Mondelez-Aktie im Stil des oberen Pfeiles.

**Ein normaler Aktienanleger hätte stark steigende Mondelez-Kurse bis auf 70,50 USD gebraucht, um den gleichen Profit zu erzielen.**

Sie sehen an diesem Beispiel, dass die Aktie, die einem Time-Spread zugrunde liegt, nicht zwangsläufig ansteigen muss, um einen hohen Profit erzielen zu können. Übrigens wäre der Profit auch bei niedrigeren Mondelez-Kursen ähnlich hoch gewesen.

Meine Leser konnten den Gewinn sofort in einen neuen lukrativen Time-Spread stecken und so ihr ehemals getätigtes Mondelez-Investitionskapital vermehrfachen. Denn die Jahresrendite des Mondelez-Time-Spreads beläuft sich wegen der kurzen Haltefrist von nur 8 Wochen auf riesige +433,29%!

Mit den Strategien des 5-Minuten-Traders gehören Sie ab sofort zur Tradingelite und können auch hohe Profite einsammeln, selbst wenn die Aktie keinen Profit erzielt.

# So funktionieren die Zusatz-Prozente

**Ihre Vorteile:**

- Nur montags handeln
- Prima in jedem Depot beimischbar
- Schnelle 5 bis 20% Profit bzw. längere +100%-Sonderchancen

Die Strategie der Zusatz-Prozente besteht aus kurzfristigen Trades von bis 4 Wochen und mittelfristigen Trades bis 18 Monaten. Die Performance liegt hier im Schnitt bei schnellen +5% bis +20% oder bei den mittelfristigen Sonderchancen sogar bei über +100%.

**Ein Beispiel unserer Zusatz-Prozente mit +100%-Sonderchance**

Ich möchte Ihnen im Folgenden ein Beispiel auflisten, welches hervorragend verdeutlicht, wie gut die Systemstrategie zu steuern ist, auch wenn unvorhergesehene Ereignisse eintreten sollten. Es ist aus der Anfangszeit des 5-Minuten-Traders und zeigt Ihnen, wie aus negativen Ereignissen noch hohe Gewinne erzielt werden können.

**Der Trade:**

Datum: 29.04.2013
Long Aktie Silver Standard Resources Inc. bei 7,20 USD
Long Put Basis 8 USD • Laufzeit 16.Jan.2015 • 2,60 USD
Einsatz: 748,00 EUR

Das bedeutet, Ihre Systemstrategie war bis zum 16. Januar 2015 auf einen maximalen Verlust von 137,00 Euro pro Einheit abgesichert.

**Der Verlauf:**

Der Kurs der Silver Standard Resources Inc. geriet durch den bekannten **Rohstoffcrash** zunächst unter Druck. Weil die Position aber bis Januar 2015 abgesichert ist, **konnten meine Leser geduldig abwarten.**

Der Put wurde dann am 15.01.2015 für **1,60** USD verkauft. Die SSRI-Aktie hingegen haben wir behalten, weil nach meiner Recherche das Unternehmen in der Zeit des Silberpreisrückgangs die Zeit genutzt hat, um hervorragende Kostensenkungsmaßnahmen durchzuführen.

Das war ein Garant dafür, dass bei der nächsten Silberpreiserholung die Aktien Silver Standard Resources Inc. ganz oben auf der Kaufliste der Investoren stehen. Denn nicht in der guten, sondern in der stürmischen Zeit trennt sich die Spreu vom Weizen.

Für mich war klar, dass der Silberpreis sich nur vorübergehend in einem Tal der Tränen aufhält und irgendwann wieder anzieht.

Als dann die Silberpreise wieder anfingen zu steigen, explodierte der Kurs für die SSRI-Aktie. Ich empfahl dann meinen Lesern, die Hälfte der Aktien zum Kurs von **12,85** USD zu verkaufen. Inklusive USD-Gewinn konnten meine Leser so **+115,79% Profit** erwirtschaften.

Weil aber der Kurs der SSRI noch weitaus mehr Kurspotenzial in sich trägt (Zu Zeiten des Silberhochs stand die SSRI-Aktie über 40 USD), riet ich meinen Lesern, die Hälfte der Aktien weiter zu halten. Denn durch den +115,79%-igen Gewinn der ersten Hälfte ist die Restposition der Aktien mehr als bezahlt. So können meine Leser geduldig abwarten, bis der nächste Silberpreisanstieg die Performance noch weiter nach oben treibt. Und zwar ganz sorgenfrei!

## Berechnung der Profite

1. Aktienprofit:

SSRI eingekauft für 7,20 USD, entsprechend **5,41** Euro.
Einsatz also: **541,00** Euro pro 100 Stck.
Der Kurs ist um 5,65 USD auf 12,85 USD gestiegen
Beim Verkauf wurden durch den gestiegenen USD pro 100 Stück Aktien
**1.168,00** Euro erlöst. (Der Euro ist von 1,33 USD auf 1,10 USD gefallen.)

Das entspricht einem Profit von **+115,89%**

2. Absicherungsput

Der Put ist hingegen nur um 1,00 USD gefallen – macht ein Minus von
**56,00** EUR im Put. (Der Euro ist von 1,33 USD auf 1,16 USD gefallen.)

Kaufpreis: 195,00 Euro und Verkaufspreis: 139,00 Euro

## Ziel

Nach dem Aufbau dieser Kombination Long Aktie und Long Put muss die
Aktie lediglich irgendwann in der Zeit von Kauf bis zum Verfall anziehen.
Wann, ist egal! Nach unten ist die Position bis zum Verfall des Puts näm-
lich zu 100% abgesichert, der Maximalverlust gering – selbst bei einem
Crash.

Wenn kein Gewinn bis zum Zeitpunkt des Putverfalls entstanden ist,
stellt sich die Frage, ob eine weitere Absicherung Sinn macht, oder die
Aktie einfach gehalten wird, wie in einem normalen Aktiendepot.

**Fazit**

Im gezeigten Beispiel wurde demonstriert, wie gut diese Strategie auch langfristig steuerbar ist und wie beruhigend Ihr Investment sich in stürmischen Zeiten hält.

Und die Geduld wird mit einem satten Gewinn von etwa +75% belohnt (Aktie + Absicherung).

Das Kurs-Potenzial für die Silver Standard Resources Aktien ist noch nicht vollends ausgeschöpft. Durch die Gewinnmitnahme sind wir auf der sicheren Seite, ohne die Aussicht auf weitere Zusatzgewinne zu verwerfen.

# Der beste und günstigste Broker
# für Aktien und Optionen

Was benötigen Sie, um die beiden Strategien umsetzen zu können?

Sie brauchen einen Broker, bei dem Sie Optionen und CFDs traden können. Und vorweg noch einmal: Sie brauchen keine Angst vor diesen beiden Ihnen eventuell unbekannten Wertpapiergattungen zu haben! Denn alles ist abgesichert. Der mögliche Verlust von Ihnen bisher bekannten „normalen" Anlageinstrumenten ist höher als bei den hier vorgestellten Strategien.

Um die **Time-Spread Strategie** umzusetzen, ist es notwendig, dass Sie **Optionen und Optionskombinationen an der Eurex und an den US-Börsen** handeln können. Um die **Zusatz-Prozente** umsetzen zu können, müssen Sie auch **Aktien** und **Futures** handeln können. Aber auch andere klug kombinierte Profi-Strategien erfordern die Handlungsfähigkeit an der Eurex und an den US-Börsen. Um Ihnen da eine Hilfestellung und Übersicht zu geben, habe ich für Sie im Folgenden die gängigsten Möglichkeiten aufgelistet. Denn Broker ist nicht gleich Broker. Vor allem in der Gebührenstruktur und Kompetenz unterscheiden sie sich sehr deutlich!

Optionen werden, anders als Aktien, Zertifikate oder Optionsscheine, direkt an den Optionen-Börsen (Terminbörsen) gehandelt. Deshalb benötigen Sie für den Optionen-Handel einen persönlichen direkten Zugang zu den Terminbörsen, an denen Optionen gehandelt werden. Diesen stellt Ihnen ein Dienstleister/„Vermittler" bereit, nachdem er Ihnen die Börsentermingeschäftsfähigkeit erteilt hat. Diesen Vermittler nennt man Broker. Ob Bank, Hausbank, Sparkasse oder jedes andere Geldinstitut: In dem Moment, in dem Sie direkt selbst an den Börsen handeln, ist der gewählte Vermittler zu den Börsen Ihr Broker. Bei allen Brokern, die wir Ihnen in dieser Übersicht nennen, können Sie natürlich auch Aktien handeln. Eine entsprechende Information dazu finden Sie jeweils bei den einzelnen Brokern.

## Mit dem richtigen Broker maximieren Sie Ihre Gewinne

Für diese oben genannte Dienstleistung – die Bereitstellung Ihres persönlichen Zugangs zu den Optionen-Börsen und die Weiterleitung Ihrer Kauf- oder Verkaufs-Orders für Optionen an die Terminbörsen – erheben die Geldinstitute Gebühren. Diese Gebühren sind bei den verschiedenen Geldinstituten unterschiedlich hoch und in ihrer Struktur unterschiedlich festgelegt. Leser haben uns von Bankgebühren in dreistelliger Höhe für den Kauf oder Verkauf eines einzigen Kontraktes von Optionen berichtet. Zum Vergleich: Günstige Broker verlangen zwischen 1,50 Euro und 4,00 Euro für ein Optionen-Geschäft. Sie sehen: Günstige Gebühren sind, neben dem Kundenservice, ein sehr wichtiger, geradezu ein mitentscheidender Faktor für Ihre Gewinn-Optimierung.

Damit Ihre Gewinne aus dem Optionen-Handel nicht durch unnötig hohe Gebühren stark beeinträchtigt werden, sollten Sie den für Sie günstigsten Broker auswählen. Achtung: Nicht alle Banken oder Sparkassen treten auch als Broker für den Optionen-Handel auf. Direktbanken wie Comdirect, CortalConsors etc. offerieren leider keine Möglichkeit für den Kombinationshandel mit Optionen.

Weiterhin sind diese Institute (Banken und Direktbanken) gehalten, die Abschlagssteuer direkt einzubehalten. Damit können bei Optionskombinationen durchaus Fehlberechnungen entstehen, weil das Institut einen Teil der Optionenkombi einfach als 100% Einnahme ansieht. Das katapultiert den Investitionsgrad in die Höhe und schmälert damit Ihre Rendite erheblich. Die von mir empfohlenen Broker in diesem Handbuch erheben allesamt KEINE Abschlagssteuer. Sie selbst versteuern lediglich am Ende eines Jahres Ihren Jahres-Profit in der Anlage KAP Ihrer Steuererklärung.

Um Ihnen die Wahl des richtigen Brokers zu erleichtern, haben wir in der folgenden Auflistung einige gängige Optionen-Broker für Sie verglichen. Wir nennen Ihnen Kontaktdaten, Art und Weise der Depoteröffnung sowie die unterschiedlichen Möglichkeiten des Optionen-Handels. Die Auflistung ist in alphabetischer Reihenfolge und stellt keine Bewertung dar. Bitte bedenken Sie aber, dass Sie einen Broker brauchen, der auch Optionen und Optionskombinationen an der Eurex und an den US-Börsen für Sie umsetzen kann. Wichtig dabei sind die Konditionen und Kompetenz!

## So wird Traden kinderleicht

Bei jedem Trade haben Sie die Wahl zwischen meinen einfachen Klick-für-Klick-Anleitungen **oder** Sie können auf unsere neueste Handels-Innovation GeVestor ONE CLICK TRADING zugreifen. Die neue Handels-Lösung ermöglicht den Handel mit einem vorausgefüllten Orderticket samt meinen Empfehlungen. Sie müssen nur noch Ihre gewünschte Stückzahl eingeben. Kein lästiges Abtippen. Keine Fehlerquote. 100 % einfach, sicher und bequem.

Einfach loslegen unter: **www.gevestor.oneclicktrading.de**

Verbinden Sie einfach Ihr Broker-Konto mit GeVestor ONE CLICK TRADING

Mein Tipp: Nutzen Sie die Schnellübersicht auf Seite 48!

# Agora Trading System Ltd.

**Kontaktdaten**
Postfach 620364
10793 Berlin
Tel.: 030 / 7 81 70 93
Fax: 030 / 7 81 70 96
E-Mail: info@agora-direct.de
Internet: www.agora-direct.de

**Konto-/Depoteröffnung**
Agora Trading bietet Ihnen eine komplett deutschsprachige Depoteröffnung. Die Anmeldung wird üblicherweise über das Internet ausgeführt. Die Unterlagen zur Depoteröffnung können Sie sich aber auch per Telefax oder Post zusenden lassen.

**Aktien-Handel**
Bei Agora können Sie alle in Deutschland und in den USA gehandelten Aktien kaufen und verkaufen. Das geschieht in derselben Handelsmaske wie der Optionen-Handel. Wenn Sie Ihr Depot getrennt nach Optionen und Aktien darstellen wollen, können Sie das mit wenigen Mausklicks innerhalb der Handelsmaske umsetzen und darstellen. Die Gebühren beim Kauf und Verkauf von Aktien sind vergleichbar niedrig wie bei Optionen.

**Optionen-Handel**
Optionen können Sie bei Agora Trading sowohl über das Internet als auch telefonisch handeln. Die kostenlose Software für den Handel (die Handelsmaske) erreichen Sie über das Internet www.agora-direct.de. Agora Trading bietet Ihnen für die Handhabung der Handelsmaske eine ausführliche Einführung. Diese ist zu großen Teilen in deutscher Sprache verfasst. Werden englische Ausdrücke verwendet, bietet der Broker telefonische Hilfestellungen an.

Ihren Optionen-Handel in Deutschland oder den USA betreiben Sie über ein Konto, das Sie nach Ihren Wünschen in Euro oder Dollar führen können. Ich empfehle die Kontoführung in Euro, dann haben Sie kein Risiko durch Währungsschwankungen. Zugriff haben Sie dabei aus derselben Handelsmaske sowohl auf die deutsche beziehungsweise europäische Optionen-Börse, die Eurex, als auch auf alle großen Börsen in den USA.

**Mein Tipp zu den Gebühren**
Bei Agora Trading handeln Sie zu sehr niedrigen Transaktions-Gebühren. Wegen des angebotenen umfangreichen Service neben dem reinen Internet-Optionen-Handel, inklusive der Möglichkeit einer telefonischen Order-Erteilung ohne zusätzliche Preisaufschläge, liegen die Gebühren etwas höher als bei Interactive Brokers.

Agora ist einer der wenigen Broker, bei denen keine Mindesteinlagen verlangt werden, um ein Konto zu eröffnen. Damit eignet sich dieser Broker besonders gut, wenn Sie den Optionen-Handel „mit kleinem Geld" kennenlernen wollen. (Stand Februar 2015)

Wenn Sie den telefonischen Service von Agora Trading nutzen wollen und Ihre Order auch telefonisch aufgeben möchten, ist Agora Trading mit diesem Service deutlich günstiger als Interactive Brokers (bei Interactive Brokers sind telefonische Neu-Orders nicht möglich und telefonische Positions-Schließungen kosten extra).

# BANX Brokerage

## Kontaktdaten
Graf-Adolf-Str. 14
40210 Düsseldorf
Tel.: 02 11 / 97 17 78 50
Fax: 02 11 / 97 17 78 48
E-Mail: service@banxbroker.de
Internet: www.banxbroker.de

## Konto-/Depoteröffnung
BANX Brokerage bietet Ihnen eine komplett deutschsprachige Depoteröffnung. Auf der Internetseite von BANX Brokerage können Sie Ihr Depot
online eröffnen. Oder Sie fordern die Unterlagen zur Depoteröffnung per
Post an.

Um ein Depot eröffnen zu können, ist eine Einzahlung in Höhe von min-
destens 3.000 € (äquivalent in einer anderen Währung) erforderlich.
Alternativ kann durch einen Übertrag von Wertpapieren (Gesamtwert bei
Übertrag: mindestens 3.000 €) ein solches Depot ebenfalls eröffnet werden.

Die Kontoführung erfolgt in der Basiswährung Ihrer Wahl, z. B. in Euro
oder Schweizer Franken.

## Aktien-Handel
Bei BANX Brokerage können Sie alle in Deutschland und in den USA
gehandelten Aktien kaufen und verkaufen. Darüber hinaus können Sie
an insgesamt 100 Börsen in 23 Ländern (Stand Dezember 2014) handeln.
Der Aktienkauf und -verkauf geschieht in derselben Handelsmaske wie
der Optionen-Handel. Wenn Sie Ihr Depot getrennt nach Optionen und
Aktien darstellen wollen, können Sie das mit wenigen Mausklicks innerhalb der Handelsmaske umsetzen und darstellen. Die Kosten beim Kauf
und Verkauf von Aktien sind vergleichbar niedrig wie bei Optionen.

**Optionen-Handel**

Die kostenlose Software für den Handel (die Handelsmaske) erreichen Sie über das Internet unter www.banxbroker.de. Ihren Optionen- und Aktien-Handel in Deutschland oder den USA betreiben Sie über ein Konto, das Sie auf Wunsch in Euro, Dollar, Schweizer Franken oder auch einer anderen Währung führen können. Ich empfehle die Kontoführung in der Heimatwährung (also meist Euro), dann haben Sie kein Risiko durch Währungsschwankungen. Zugriff haben Sie dabei aus derselben Handelsmaske auf die deutsche beziehungsweise europäische Optionen-Börse, die Eurex, auf alle großen Börsen in den USA und natürlich auf die gängigen Aktienbörsen.

**Mein Tipp zu den Gebühren**

Bei BANX Brokerage handeln Sie zu relativ niedrigen Transaktionsgebühren. Wenn Sie vorwiegend am PC handeln, sind Sie bei BANX Brokerage gut aufgehoben.

# CapTrader

## Kontaktdaten

Mülheimer Straße 6
40878 Ratingen
Tel.: 08 00 / 0 39 35 28
Fax: 0 21 02 /100 494-90
E-Mail: info@captrader.de
Internet: www.captrader.de

## Konto-/Depoteröffnung

CapTrader bietet Ihnen eine komplett deutschsprachige Depoteröffnung. Die Anmeldung wird üblicherweise über das Internet ausgeführt. Die Unterlagen zur Depoteröffnung können Sie sich aber auch per Telefax oder Post zusenden lassen.

## Aktien-Handel

Bei Cap Trader können Sie alle in Deutschland und in den USA gehandelten Aktien kaufen und verkaufen. Das geschieht in derselben Handelsmaske wie beim Optionen-Handel. Wenn Sie Ihr Depot getrennt nach Optionen und Aktien darstellen wollen, können Sie das mit wenigen Mausklicks innerhalb der Handelsmaske umsetzen und darstellen. Die Kosten beim Kauf und Verkauf von Aktien sind vergleichbar niedrig wie bei Optionen.

## Optionen-Handel

Sie können Optionen bei CapTrader sowohl über das Internet als auch telefonisch handeln. Der Telefonhandel sollte allerdings nur in notwendigen Situationen in Anspruch genommen werden. CapTrader wünscht eher einen Handel über die Plattform. Die kostenlose Software für den Handel (die Handelsmaske) erreichen Sie über das Internet: www.captrader.com.

Ihren Optionen-Handel in Deutschland oder den USA betreiben Sie über ein Konto, das Sie auf Wunsch in Euro oder Dollar führen können. Zugriff haben Sie dabei aus derselben Handelsmaske sowohl auf die deutsche bzw. europäische Optionen-Börse, die Eurex, als auch auf alle großen Börsen in den USA.

**Mein Tipp zu den Gebühren**

Bei CapTrader handeln Sie zu relativ niedrigen Transaktionsgebühren. Wenn Sie vorwiegend am PC handeln, sind Sie bei CapTrader gut aufgehoben.

# Interactive Brokers

## Kontaktdaten

Gotthardstraße 3, CH-6300 Zug
(Schweizer Niederlassung)
Tel.: 0 08 00-42-27 65 37
(kostenfrei und deutschsprachig)
Fax: 00 41-41-7 26-95 99
E-Mail: help@interactivebrokers.com
Internet: www.interactivebrokers.de

## Konto-/Depoteröffnung

Sie können Ihr Depot bei Interactive Brokers auf der oben genannten Internetseite online eröffnen. Die Depoteröffnung erfolgt überwiegend in englischer Sprache. Zur Unterstützung gibt es eine deutsche Anleitung, die Sie von der Internetseite bei Interaktive Brokers herunterladen können.

## Englischkenntnisse sind wichtig

Hilfreich ist es bei der Konto-/Depoteröffnung dennoch, wenn Sie über ausreichende Englischkenntnisse und das entsprechende Börsen-Fachvokabular verfügen.

## Aktien-Handel

Bei Interactive Brokers können Sie alle in Deutschland und in den USA gehandelten Aktien kaufen und verkaufen. Das geschieht in derselben Handelsmaske wie beim Optionen-Handel. Wenn Sie Ihr Depot getrennt nach Optionen und Aktien darstellen wollen, können Sie das mit wenigen Mausklicks innerhalb der Handelsmaske umsetzen und darstellen. Die Gebühren beim Kauf und Verkauf von Aktien sind vergleichbar niedrig wie bei Optionen.

## Optionen-Handel

Sie handeln bei Interactive Brokers die Optionen in Deutschland und an den US-Börsen mit einem Konto, das Sie wahlweise in Euro oder Dollar führen können. Ich empfehle die Kontoführung in Euro, dann haben Sie kein Risiko durch Währungsschwankungen. Sie können direkt über Ihren Internetzugang (Browser) handeln oder Sie laden sich eine kostenlose Software von der Internetseite bei Interactive Brokers herunter. Zugriff haben Sie anschließend aus derselben Handelsmaske sowohl auf die deutsche/europäische Optionen-Börse, die Eurex, als auch auf alle großen US-Optionen-Börsen.

## Mein Tipp zu den Gebühren

Interactive Brokers ist der günstigste Broker dieser Aufstellung. (Das wird aber durch einen begrenzten Kundenservice erreicht.)

## Mein Tipp

Sie sollten für den Handel über diesen Broker „zwingend" routiniert mit dem Internet umgehen und Ihre Orders selbstständig online platzieren können. Außerdem sind Grundkenntnisse der englischen Sprache notwendig.

Wenn Sie ganz neu im Optionen-Handel sind oder (gelegentlich) Unterstützung beim Handeln benötigen oder über keine Kenntnisse in der englischen Sprache verfügen, sollten Sie Ihr Depot nicht bei Interactive Brokers eröffnen.

Die bestmögliche Alternative sind die Broker Agora Trading, CapTrader oder Lynx Broker.

# Lynx Broker

## Kontaktdaten

Hausvogteiplatz 3–4
10117 Berlin
Tel.: 030 / 3 03 28 66 90 oder 0800 / 59 69-000 (kostenfrei aus Deutschland)
Fax: 030 / 3 03 28 66 99
E-Mail: service@lynxbroker.de
Internet: www.lynxbroker.de

## Konto-/Depoteröffnung

Lynx Broker bietet Ihnen eine komplett deutschsprachige Depoteröffnung. Auf der Internetseite von Lynx Broker finden Sie alle notwendigen
Unterlagen, um ein Konto zu eröffnen. Nachdem Sie dem Broker dort Ihre
Daten mitgeteilt haben, werden alle notwendigen Eröffnungsinformatio-
nen per Post an Sie gesendet. Sie können die Unterlagen zur Depoteröffnung auch ganz einfach telefonisch anfordern. Mit einem portofreien
Briefumschlag, der sich in dem zugesandten Informationspaket befindet,
können Sie die Antragsformulare gratis zurücksenden. Ein bis zwei
Arbeitstage nach dem Empfang der Eröffnungsunterlagen erhalten Sie
per E-Mail Ihre Kontonummer und Ihr Passwort. Damit Sie Ihr Konto
aktivieren können, müssen Sie ein Guthaben auf Ihr Konto überweisen
(Mindesteinlage 4.000 € / Stand August 2013). Sie können sofort nach
Gutschrift Ihrer Überweisung mit dem Handel beginnen.

## Aktien-Handel

Bei Lynx Broker können Sie alle in Deutschland und in den USA gehandelten Aktien kaufen und verkaufen. Das geschieht in derselben Handelsmaske wie beim Optionen-Handel. Wenn Sie Ihr Depot getrennt
nach Optionen und Aktien darstellen wollen, können Sie das mit wenigen
Mausklicks innerhalb der Handelsmaske umsetzen und darstellen. Die
Kosten beim Kauf und Verkauf von Aktien sind vergleichbar niedrig wie
bei Optionen.

## Optionen-Handel

Sie können Optionen bei Lynx Broker sowohl über das Internet als auch telefonisch handeln. Die kostenlose Software für den Handel (die Handelsmaske) erreichen Sie über das Internet www.lynxbroker.de. Lynx Broker bietet Ihnen auf seiner Internetseite für die Handhabung der Handelsmaske eine Einführung. Diese ist in deutscher Sprache verfasst.

Ihren Optionen-Handel in Deutschland oder den USA betreiben Sie über ein Konto, das Sie auf Wunsch in Euro oder Dollar führen können. Ich empfehle die Kontoführung in Euro, dann haben Sie kein Risiko durch Währungsschwankungen. Zugriff haben Sie dabei aus derselben Handelsmaske, sowohl auf die deutsche beziehungsweise europäische Optionen-Börse, die Eurex, als auch auf alle großen Börsen in den USA.

## Mein Tipp zu den Gebühren

Bei Lynx Broker handeln Sie zu sehr niedrigen Transaktions-Gebühren. Wegen des angebotenen umfangreichen Service neben dem reinen Internet-Optionen-Handel, inklusive der Möglichkeit einer telefonischen Order-Erteilung ohne zusätzliche Preisaufschläge, liegen die Gebühren etwas höher als bei Interactive Brokers. Für Viel-Trader gibt es bei Lynx Broker die Möglichkeit, Rabatte zu erhalten.

Wenn Sie den telefonischen Service von Lynx Broker nutzen und Ihre Order auch telefonisch aufgeben, ist Lynx Broker mit diesem Service deutlich günstiger als Interactive Brokers (bei Interaktive Brokers sind telefonische Neu-Orders nicht möglich und telefonische Positions-Schließungen kosten extra).

## Schnellübersicht für Ihre Brokerwahl

In der folgenden Schnellübersicht können Sie auf einen Blick alle für Sie wichtigen Kriterien einsehen und Ihre persönliche Wahl treffen. Die Reihenfolge stellt keine von uns empfohlene Rangfolge dar. In der oberen waagerechten Zeile sehen Sie die wichtigen Kriterien für den Optionen-Handel. So finden Sie schnell und einfach den Broker, der Ihren Anforderungen am besten entspricht:

| Broker (alphabetisch geordnet) | Gebühren | Internet-Handel | Handel per Telefon | deutsch-sprachig | Handel an US-Börsen | Handel in Deutschland (Eurex) | One Click Trading |
|---|---|---|---|---|---|---|---|
| **Agora Trading System** (Seite 38) | sehr günstig | ja | ja | ja | ja | ja | ja |
| **BANX Brokerage** (Seite 40) | sehr günstig | ja | nein | ja | ja | ja | nein |
| **Cap Trader** (Seite 42) | sehr günstig | ja | nein | ja | ja | ja | ja |
| **Interactive Brokers** (Seite 44) | günstigste Gebühren der hier vorgestellten Broker | ja, hier nur Internet | nein | nein | ja | ja | nein |
| **Lynx Broker** (Seite 46) | sehr günstig, Rabatt für Vieltrader | ja | ja | ja | ja | ja | ja |

# Schritt für Schritt
# zur Umsetzung der Empfehlungen

# Time-Spread

Im Folgenden spielen wir ein Beispiel für die Orderaufgabe eines Time-Spreads durch. Es mag zunächst kompliziert aussehen, aber glauben Sie mir: Es ist ganz einfach. Wenn Sie die Arbeitsschritte ein paarmal durchgeführt haben, ist die Sache reine Routine. Denn alle Time-Spreads werden immer genau auf dieselbe Weise eingegeben. Ich liefere in der Kaufmitteilung auch zusätzlich immer eine detaillierte Klick-für-Klick-Anleitung mit, sodass Sie nur nach dieser Anleitung verfahren müssen.

Die folgende Anleitung ist eine Schritt-für-Schritt-Beispiel-Anleitung, die demnach länger erscheint, als die Ausführung in Wirklichkeit in Anspruch nimmt.

Vorab aber möchte ich Ihnen noch zeigen, wie eine Eilmitteilung aussieht, die Sie erhalten. So sah die Eilmitteilung aus, die meine Leser am 14.03.2016 erhalten haben:

*Lieber 5-Minuten–Trader,*

*Wir kaufen heute eine neue Position für das Musterdepot ein: Den Mondelez Time-Spread.*

*Ich erwarte +30% bis +60% Kurssteigerung in nur 12 Wochen.*

*Mondelez International Inc. ist eine große Konsumholding. Die Nahrungs-mittelkonzerne Kraft Foods und Cadbury sind u. a. in Mondelez aufgegan-gen. Hierzulande bestens bekannt sind Produktmarken wie Toblerone, TUC, Milka, Oreo, Cote D´Or, Ritz, Philadelphia, Tassimo, Capri-Sonne und viele mehr.*

*Der Konsum ist in Europa und auch in den USA sehr stabil. Ich erwarte einen positiven Aktienkurs von Mondelez für die nächsten 3 Monate, min-destens aber einen Kurs auf dem aktuellen Niveau, auch wenn die Börsen schwankungsstark bleiben. Deshalb bildet heute der Kauf des Mondelez-Time-Spreads eine günstige Einstiegschance mit einem hohen Gewinnpotenzial von +30% bis +60% in relativ kurzer Zeit!*

*KAUF:*
*Wir kaufen heute den Mondelez Time-Spread ein.*
*Wir setzen etwa 3% unseres Kapitals ein.*
*Kaufen Sie heute je etwa 2.150,00 Euro Depotgröße einen Kontrakt des Mondelez-Time-Spreads ein.*
*Das Musterdepot kauft 16 Kontrakte.*
*Der Handel ist bis 22:00 Uhr möglich.*
*Einsatz: Etwa 67,00 Euro/Kontrakt*


********** ********** ********** ********** ********** *********
*Vorlesbare Orderzeile: (Optioncombo SMART)*

*Kauf an der US-Börse NASDAQ 16 Kontrakte Kalender-Spread auf Mondelez (Kürzel: MDLZ)*
*Call-Basis 45*
*Long Call Laufzeit\* 16.September 2016*
*Short Call Laufzeit\* 7.Juni 2016*
*(\*Letzter Handelstag)*
*Kauflimit: 0.75 USD Orderlaufzeit GTC (max. 0.80 USD)*
********** ********** ********** ********** ********** *********

## Der Trade am PC

Die folgenden Bilder sind der neuesten Version der Trader Workstation entnommen. Bitte halten sie Ihre Trading-Plattform immer auf dem neuesten Stand, um die Schritte richtig nachbilden zu können. Fragen Sie bitte dazu Ihren Broker.

Erstellen Sie zunächst eine neue leere frische Kartei. Dazu in der Handelsplattform auf die kleine „+"-Kartei ganz rechts klicken. Geben Sie einen beliebigen Namen für die Kartei an.

# Anzeige der Realtime-Preise

1. Geben Sie dann in einer freien Zeile in der neuen und leeren Kartei in der Spalte **Kontrakt (Underlying/Basiswert)** die Buchstaben **MDLZ** ein und drücken $\boxed{\text{Enter}}$.

2. Wählen Sie mit dem Mauszeiger nacheinander unter **MONDELEZ INTERNATIONAL INC-A - NASDAQ** die Felder **Kombinationen (Combinations\*)**, dann **Options Combos (SMART)** und klicken einmal.

Sehen Sie kein Feld „Combinations", müssen Sie vorher mit dem Mauszeiger auf das kleine Dreieck unten gehen und etwas abwarten. Es öffnen sich dann neue Felder. Ein eventuell neues Infofenster einfach wegklicken.

Ihr Bildschirm sieht nun folgendermaßen aus:

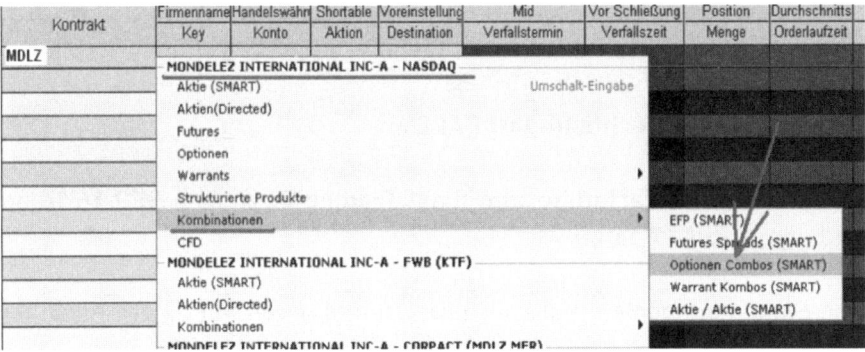

3. In der nun geöffneten Comboauswahl wählen Sie oben den Karteireiter **Strategy (Strategie)**.

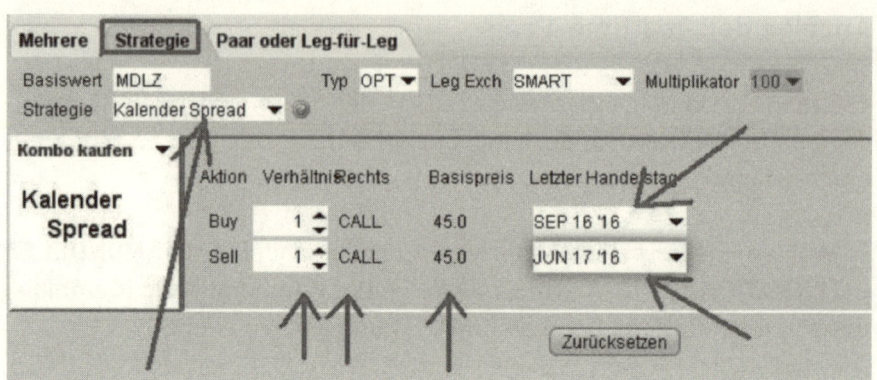

4. Tragen Sie bitte folgende Werte ein:

Im Feld **Basiswert (Underlying)** sollte bereits **MDLZ** stehen.

Bei **Strategie (Strategy)**, durch Klick und Scrollen im Feld, geben Sie **Kalender Spread (Calender Spread)** an.

Unter **Verhältnis (Ratio)** sollte bei Buy und auch bei Sell eine **1** stehen.

Geben Sie unter **Rechts (Right) CALL** an.

Geben Sie unter **Verfallstermin (Last Trading Day)** <u>oben</u> **SEP 16'16** an und <u>unten</u> **JUN 17'16** an.

Alle Eingaben noch einmal kontrollieren und unten mit einem Klick auf OK bestätigen.

Es öffnet sich zusätzlich eine Info-Box mit der Contract Description (Kontraktbeschreibung). Diese können Sie wegklicken (Kreuz oben rechts in der Box). Eine zweite Infobox mit der Frage, ob Sie die Kurse des Underlyings sehen möchten, klicken Sie auch weg („No" drücken).

## Kauf des Mondelez Time-Spreads (Beachten Sie: Wir kaufen die Buy-Combo!)

1. Sie haben **3 Kurszeilen!** In der Kurszeile des **MDLZ Jun/Sep 45 Kalender Call** (in der Regel die oberste, oftmals Kurse in Lila) machen Sie einen Mausklick in die linke Spalte. Die Zeile sollte dann schwach grau unterlegt sein.

Klicken Sie dann oben links auf das Icon **Order**.

Ihr Bildschirm sollte folgendermaßen aussehen:

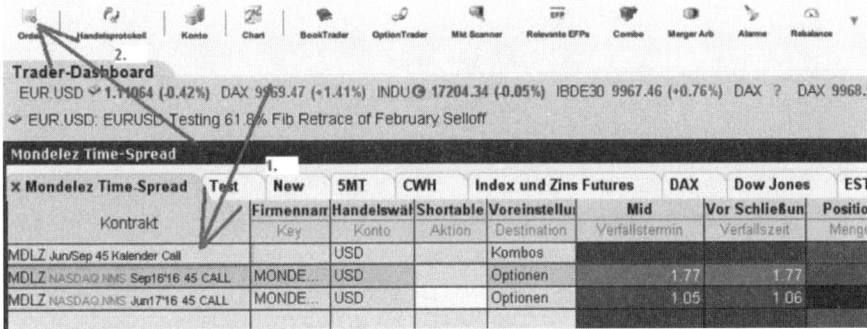

Es öffnet sich das Orderticket.

## 2. Im Orderticket müssen folgende Werte eingestellt sein:

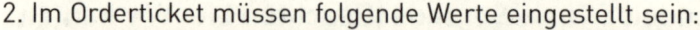

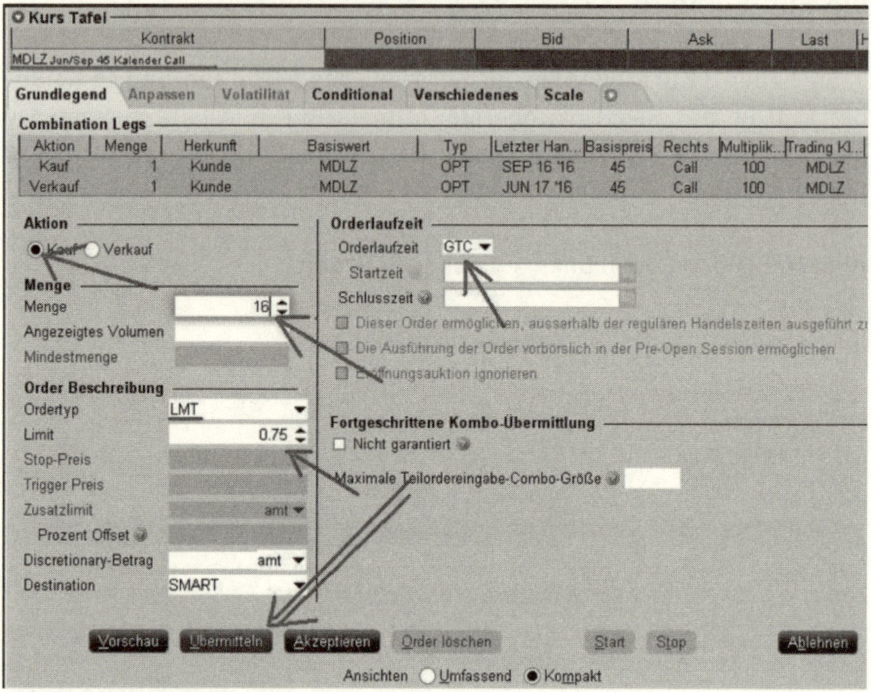

Folgende Punkte bitte einstellen:

**Aktion: Kauf (Buy)**

**Stückzahl:** Kaufen Sie je 2.150,00 Euro Depotgröße einen Kontrakt. (Im Musterdepot kaufen wir **16** Kontrakte.)

**Ordertyp: LMT**

**Limit: anfänglich 0.75** (max. 0.80 US$) (Denken Sie daran, dass der Punkt das Trennzeichen ist, nicht das Komma!)

**Orderlaufzeit: GTC**

Vergleichen Sie noch einmal alle Werte mit der vorigen Abbildung.

Wenn alles richtig eingestellt ist, klicken Sie unten auf **Erstellen + Order übermitteln.** Nach nochmaliger Kontrolle **alle folgenden Seiten bestätigen.**

Eventuell müssen Sie noch in der neu erscheinenden Orderzeile auf das blaue „Ü" und dann auf OK klicken.

Fertig! Sie haben es geschafft, die Kauforder liegt nun am Markt vor. Jetzt warten Sie einfach ab, bis die Order zu Ihrem Limit ausgeführt wird. Haben Sie den Time-Spread ergattert, dann warten Sie einfach die Zeit ab, die jetzt für Sie arbeitet und Ihnen in 3 bis 6 Monaten einen guten Profit bringt. Für die Glattstellung erhalten Sie von mir ebenfalls selbstverständlich eine detaillierte Anleitung genau zu dem Zeitpunkt, an dem Sie die Gewinne mitnehmen können.

Diese 5 Minuten montags reichen in Zukunft aus, um Ihnen ein stetig wachsendes Depot zu bescheren. Und das Schöne daran: Selbst dann, wenn die Kurse einmal nicht so gut laufen, können Sie von dieser Strategie profitieren.

Sie werden in Zukunft gelassen Ihre Börsengewinne einfahren. Und zwar wie die Profis! Hektik, zeitintensive Börsenbeobachtung und ständig aktive Positionsverkäufe oder Käufe gehören von nun an der Vergangenheit an. Denn die Zeit arbeitet für Sie. Und die gewonnene Zeit nutzen Sie jetzt anders.

# Zusatz-Prozente

Auch für diese Strategie spielen wir ein Beispiel für eine Orderaufgabe anhand des gezeigten Beispiels Standard Silver Resources Inc durch. Es ist aus der Anfangszeit des 5-Minuten-Traders und zeigt Ihnen, wie aus negativen Ereignissen noch hohe Gewinne erzielt werden können. So sah die Eilmitteilung aus, die meine Leser mit per Mail am 29.04.2013 erhalten haben:

*Lieber 5-Minuten-Trader,*

*Wir kaufen Zusatz-Prozente auf Silver Standard Resources Inc. (US-Kürzel: SSRI), einem Silberproduzenten mit Weitblick und riesigem Potenzial.*

*Kaufpreis für 1 Einheit: etwa 748,00 Euro/Kontrakt.*

*Bitte gehen Sie genau nach beigefügter Klick-für-KlickAnleitung vor!*

*Kaufen Sie für jede 5.000,00 Euro Depotwert 1 Einheit ein!*

*Wir kaufen 2 Stück entsprechend einem 10.000,00 Euro-Depot*

*SSRI: Silver Standard ist ein mittelgroßer Produzent und hat Liegenschaften in Kanada, USA, Mexiko, Chile, Peru, Argentinien und Australien. Sie besitzen mit über 1,1 Milliarden Unzen sehr hohe Ressourcen. Die Aktie ist aktuell auf einem günstigen Einstiegsniveau angelangt. Der Silberabsturz im Gefolge von Gold in der letzten Woche hat den Titel bis runter auf 7,00 USD geprügelt. Das ist gemessen an der fairen Bewertung deutlich zu tief. In den letzten Analysen wurde der Wert auf etwa 15 bis 20 USD getaxt. Charttechnisch ist nun mit einer Gegenbewegung zu rechnen. Um hier etwas mehr Zeit zu haben, sichern wir den Long Aktienkauf wie gehabt mit einem Long Put ab. Diese Kombination lässt uns die Gewissheit haben, dass nicht mehr passieren kann, als ein Verlust von etwa 115,00 Euro.*

Hier ein Chartbild der letzten 5 Jahre:

Silver Standard Resources Inc. 5 Jahre

**Die Zusatz-Prozente auf SSRI:**
Eine Einheit besteht aus 2 Einzelpositionen:
Sie können diese beiden Zeilen auch Ihrem Broker vorlesen! Wichtig ist,
dass Sie beide hintereinander ausführen.

**ORDERZEILEN:**

**1. Teil**
Kauf 1 Kontrakt Put auf SSRI Basis 8 Laufzeit Januar 2015 Limit
2,65 US$ (über SMART) (bis max. 2.85 US$ hochgehen)

**2. Teil**
Kauf 100 Aktien Silver Standard Resources (SSRI) an der NASDAQ
(Kauflimit zwischen Bidpreis + Askpreis, etwas näher an das Ask legen).

Gehen Sie nach der folgenden Klick-für-KlickAnleitung vor bzw. rufen Sie
Ihren Broker an. Handel von 15:30 Uhr bis 22:15 Uhr möglich!
Gehen Sie ruhig und gelassen vor, da eilt nichts!

WICHTIG: Bitte beide Teile nacheinander ausführen!!!

# 1. Teil: Kauf des Puts (Absicherung)

### Anzeige der Realtime-Preise:

1. Geben Sie in einer freien Zeile im Ordermanagement in der Spalte **Basiswert/Underlying** die Buchstaben **SSRI** ein und drücken Sie Enter .

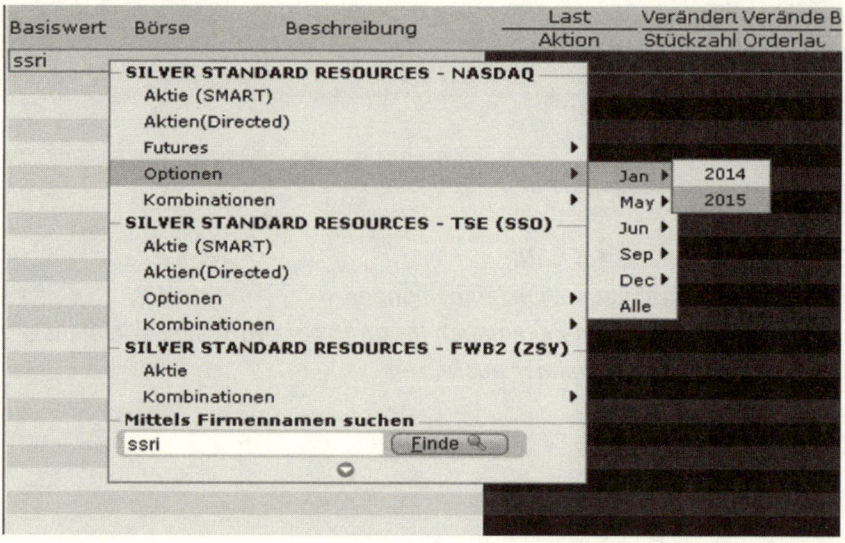

2. Wählen Sie mit dem Mauszeiger unter **SILVER STANDARD RESOUR-CES - NASDAQ** der Reihe nach **Optionen**, dann **Jan** aus und klicken einmal auf **2015**.

Es öffnet sich dann die Kontraktauswahl:

Ihr Bildschirm sieht nun folgendermaßen aus:

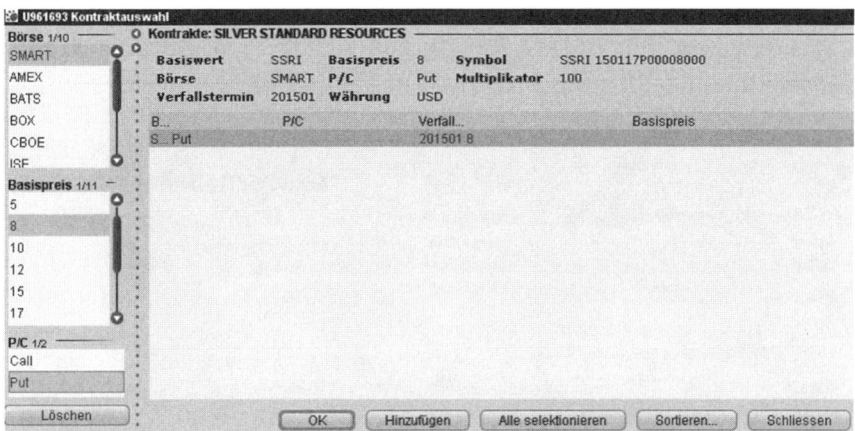

Geben Sie nun unter Börse **SMART** an, unter Basispreis **8** und unter P/C **Put**. Nach Kontrolle klicken Sie unten auf OK.

**Kauf des Puts:**

1. Sie haben nun 1 neue Kurszeile. Machen Sie einen Mausklick in das ganz linke Feld dieser Kurszeile Jetzt sollte die Zeile mit einem schwachen grauen Rahmen versehen sein.

2. Nun klicken Sie oben links oben auf das Icon **Order**. Auch, wenn in der Zeile keine Kurse sichtbar sind bzw. Market Subscription Manager erscheint!

Ihr Bildschirm sieht nun folgendermaßen aus:

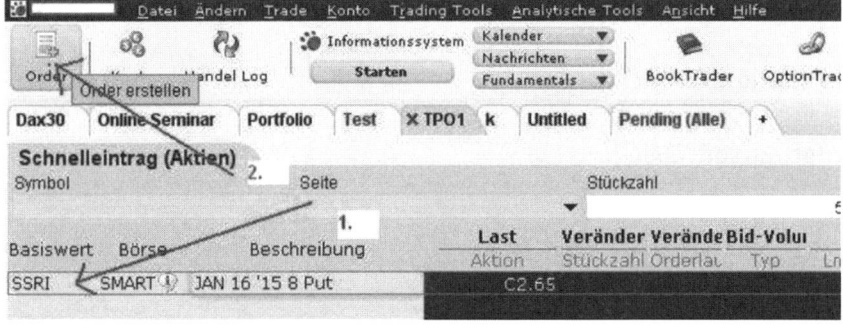

3. Es öffnet sich das Orderticket. Im Orderticket müssen folgende Werte eingestellt sein (Für unsere Depotgröße 10.000 Euro – Pro 5.000 Euro Depotvolumen kaufen Sie 1 Kontrakt des Puts ein!):

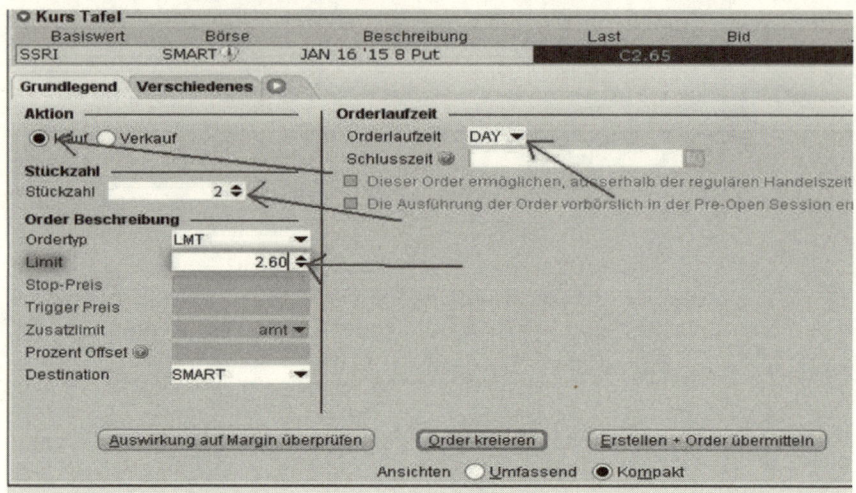

**Aktion: Kauf (BUY)**

**Stückzahl:** Geben Sie Ihre entsprechende Größenordnung ein. Wir kaufen **2** Stück.

**Ordertyp: LMT**

**Limit: 2.60** (Gehen Sie bis max. 2.85 hoch. Denken Sie daran, dass der Punkt das Trennzeichen ist, nicht das Komma!)

**Destination: SMART**

**Orderlaufzeit: DAY**

Vergleichen Sie noch einmal alle Werte mit der vorigen Abbildung. Auch die SSRI-Zeile oben!

Wenn alles richtig eingestellt ist, klicken Sie unten auf **Erstellen + Order übermitteln**. Nach nochmaliger Kontrolle **alle folgenden Seiten bestätigen.**

Sie können die ausgeführte Order oben unter dem dritten Icon von links „Trades/Handel Log" sehen. Dieses blinkt bei Ausführung.

## 2. Teil: Kauf der Aktie (Long Aktie)

### Anzeige der Realtime-Preise:

1. Geben Sie in einer freien Zeile im Ordermanagement in der Spalte **Basiswert/Underlying** die Buchstaben **SSRI** ein und drücken Sie `Enter`.

Ihr Bildschirm sieht nun folgendermaßen aus:

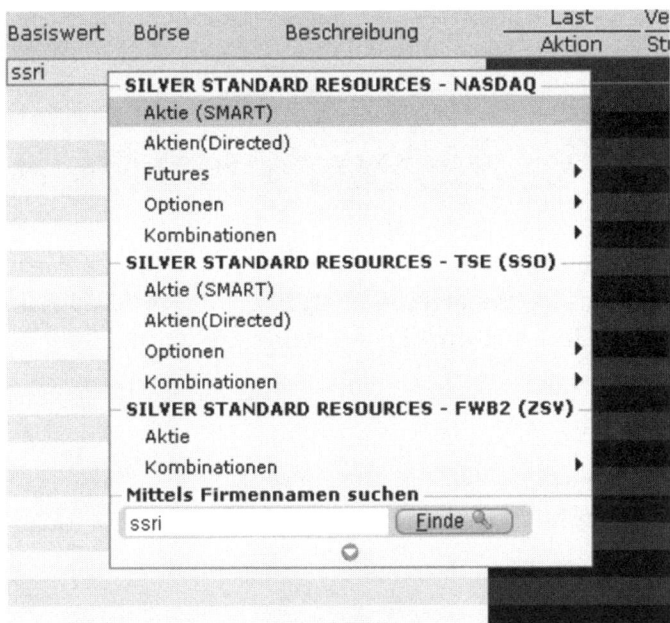

2. Wählen Sie mit dem Mauszeiger unter **SILVER STANDARD RESOUR-CES - NASDAQ** die Zeile **Aktie (SMART)** und klicken Sie einmal. Sie erhalten dann die Kurszeile der Aktie.

**Kauf der Aktien:**

1. Sie haben nun 1 neue Kurszeile. Machen Sie einen Mausklick in das ganz linke Feld dieser Kurszeile Jetzt sollte die Zeile mit einem schwachen grauen Rahmen versehen sein.

2. Nun klicken Sie oben links oben auf das Icon **Order**. Auch, wenn in der Zeile keine Kurse sichtbar sind bzw. Market Subscription Manager erscheint!

Ihr Bildschirm sieht nun folgendermaßen aus:

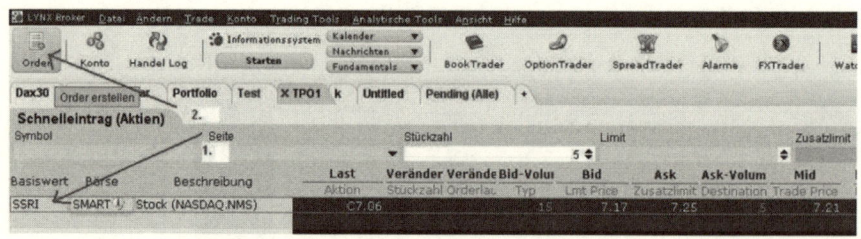

3. Es öffnet sich das Orderticket. Im Orderticket müssen folgende Werte eingestellt sein (Für unsere Depotgröße 10.000 Euro – Pro 5.000 Euro Depotvolumen kaufen Sie 1 Kontrakt des Puts ein!):

**Aktion: Kauf (BUY)**

**Stückzahl:** Geben Sie Ihre entsprechende Größenordnung ein. Wir kaufen **200** Stück.

**Ordertyp: LMT**

**Limit: 2.60** (Zwischen Bid und Ask legen (etwas näher an das Ask. Denken Sie daran, dass der Punkt das Trennzeichen ist, nicht das Komma!)

**Destination: SMART**

**Orderlaufzeit: DAY**

Vergleichen Sie noch einmal alle Werte mit der vorigen Abbildung. Auch die SSRI-Zeile oben!

Wenn alles richtig eingestellt ist, klicken Sie unten auf **Erstellen + Order übermitteln.** Nach nochmaliger Kontrolle **alle folgenden Seiten bestätigen.**

Sie können die ausgeführte Order oben unter dem dritten Icon von Links „Trades/Handel Log" sehen. Dieses blinkt bei Ausführung.

Von den letzten 172 Positionen „Time-Spreads" und „Zusatz-Prozente" wurden 77,40% mit Profit abgeschlossen. Die Rendite lag bei +17,53% pro Trade inklusive aller Negativtrades!

# GeVestor ONE CLICK TRADING

**Es wird alles noch einfacher!**

Unter Hochdruck haben wir an einer neuen Handels-Innovation gearbeitet, um die Umsetzung der Empfehlungen des 5-Minuten-Traders für Sie noch unkomplizierter und einfacher zu gestalten. Nach monatelanger Arbeit freue ich mich, Ihnen endlich das einmalige System GeVestor ONE CLICK TRADING präsentieren zu dürfen. Damit wird der Handel mit komplexen Systemstrategien kinderleicht.

Mit GeVestor ONE CLICK TRADING erhalten Sie ein vorausgefülltes Orderticket samt meinen Empfehlungen. Sie müssen nur noch Ihre gewünschte Stückzahl eingeben. Kein lästiges Abtippen. Keine Fehlerquote. 100% einfach, sicher und bequem. So unterlaufen Ihnen keine teuren Fehler. Die Nutzung unseres neuen System ist für Sie als Leser des 5-Minuten-Traders natürlich vollkommen kostenlos!

Einfach loslegen unter: **www.gevestor.oneclicktrading.de**

Aus technischen Gründen funktioniert GeVestor ONE CLICK TRADING zu Beginn nur bei den Brokern Agora und Lynx (die Ausweitung des Angebots folgt aber in Kürze). Dann ist der Handel auch per Tablet oder Smartphone bequem von unterwegs möglich. Sind Sie in Besitz eines Broker-Kontos, freuen wir uns sehr über Ihre Anmeldung. Bei Fragen stehen wir Ihnen gern unter der speziell eingerichteten E-Mail-Adresse oneclicktrading@gevestor.de zur Verfügung.

# Häufig gestellte
# Fragen und Antworten

## Kann ich beim 5-Minuten-Trader nur mitmachen, wenn ich auch Optionen handle?

Ja, Sie brauchen für die Strategie der Time-Spreads die Handelsmöglichkeit für Optionen. Wir helfen Ihnen gern bei der Brokerwahl. Bitte haben Sie keine Berührungsängste, Optionen zu handeln ist kein Hexenwerk. Stellen Sie sich einmal die Frage, warum Profis mit diesem Instrument handeln und nicht mit Warrants oder Ähnlichem. Ich führe Sie an das Handeln ganz detailliert heran.

## Welche/r ist die für mich beste Bank/Broker für den Optionen- und Spread-Handel?

In der Regel bieten alle großen Banken und Sparkassen Optionenhandel an. Handeln Sie lieber unabhängig und selbstständig, wählen Sie einen Broker, der auch den Optionenhandel über eine Tradingplattform anbietet. Möchten Sie den telefonischen Kontakt mit einem Bankberater, wählen Sie eine Bank oder Sparkasse Ihres Vertrauens. Meist sind die Gebühren bei Letzteren aber deutlich höher und die Durchführung aufwändiger.

Mit Tipps zur Auswahl des geeigneten Partners bin ich gern behilflich, schicken Sie mir einfach eine E-Mail an redaktion@5minutentrader.de Um Optionen an der Eurex kompetent, vernünftig und vor allem kostengünstig umsetzen zu können, sind einige Voraussetzungen von Ihrer Bank/Ihrem Broker zu erfüllen. Eine Übersicht über die für den 5-Minuten-Trader geeigneten Broker finden Sie in diesem Handbuch ab Seite 35. Denn Broker ist nicht gleich Broker und Kunde nicht gleich Kunde. Das muss passen! Fragen Sie mich auch immer nach meinem aktuellen Favoriten, denn im schnellen Bankengeschäft ergeben sich häufig Änderungen.

**Ich bin nicht immer online. Kann ich die Empfehlung nur per E-Mail empfangen?**

Auf Wunsch erhalten Sie zusätzlich zur E-Mail auch eine SMS an Ihr Mobiltelefon. Sowohl die E-Mail als auch die SMS enthält eine vollständige Orderzeile mit allen wichtigen Angaben, um die Order sofort bei Ihrem Broker/Ihrer Bank oder online umzusetzen. Als zusätzlichen Service erhalten Sie detaillierte „Klick-für-Klick"-Anleitungen für die Umsetzung am PC.

**Wie viel von dem für den 5-Minuten-Trader vorgesehenen Kapital sollte pro Empfehlung jeweils eingesetzt werden?**

Das gebe ich in jeder Tradingempfehlung an. Für unser Muster-Portfolio erfolgt die Angabe in Stückzahlen, zusätzlich errechne ich für Sie eine prozentuale Quote, die Sie dann leicht auf Ihr Depot umrechnen können.

**Muss ich beide Strategien im 5-Minuten-Trader mitmachen, oder kann ich jede einzeln auswählen?**

Sie können die „Time-Spread"-Strategie und die „Zusatz-Prozente"-Strategie zusammen durchführen oder auch nur eine der beiden Strategien wählen. Wichtig ist dabei nur, dass Sie alle der für die jeweilige Strategie, ob „Time-Spreads" oder „Zusatz-Prozente", empfohlenen Positionen weitestgehend mitmachen.

**Wie viele Positionen werde ich etwa im Depot halten?**

Das ist von den Märkten und der Situation abhängig. Es werden aber in der Regel nicht mehr als etwa 15 verschiedene „Time-Spread"-Positionen gleichzeitig im Depot sein. Bei den „Zusatz-Prozenten" sind aufgrund der kurzen Fälligkeit und dem dauernden Rückfluss der Liquidität maximal 3 bis 4 Positionen im Depot.

**Muss ich eine Termingeschäftsfähigkeit haben?**
Der Begriff „Termingeschäftsfähigkeit" wurde abgeschafft. Die Banken und Broker müssen Ihnen eine Risikoerklärung über die besonderen Risiken der Finanztermingeschäfte vorlegen. Diese unterzeichnen Sie und erlangen so das Recht, Optionen handeln zu dürfen. Jeder kann und darf nun Optionen handeln, wenn er die Formulare gelesen, verstanden, akzeptiert und unterzeichnet hat. Das ist für Sie eine Vereinfachung zur bisherigen Vorgehensweise.

**Ich habe eine Mitteilung verpasst, was soll ich jetzt tun?**
Das ist zunächst einmal gar nicht schlimm. Denn in der Empfehlung wird ein Kursziel angegeben, anhand dessen Sie sich in etwa orientieren können, ob der Einstieg noch lohnt oder nicht. Bei den „Time-Spreads" ist es aufgrund der zeitlichen Komponente durchaus möglich, auch noch später einzusteigen. Ansonsten setzen Sie eine Empfehlung aus, die nächste Tradingmöglichkeit kommt in der folgenden Woche. Es geht beim 5-Minuten-Trader um eine langjährige stetige Performance, sodass ein Aussetzer die zweistelligen Renditen auf Sicht nicht gefährdet. Außerdem können Sie mir jederzeit eine E-Mail an die Adresse redaktion@5minutentrader.de schreiben, sollten Sie unsicher sein, was den verspäteten Einstieg in eine Position betrifft.

**Ich bin Neueinsteiger. Welche Positionen soll ich zum Start kaufen?**
Für Neueinsteiger empfehle ich, erst die Positionen abzubilden, die Sie als neue Empfehlung erhalten. Positionen, die von noch nicht Investierten zu kaufen sind, werden immer in der Montagsausgabe mit aufgeführt. Dazu habe ich wöchentlich eine Rubrik für Neueinsteiger eingeführt, der Sie alles Wichtige entnehmen können.

**Ich habe viele Fragen. Kann ich Sie einmal persönlich sprechen?**

Einmal wöchentlich können Sie mich in der Redaktionssprechstunde erreichen. Sollte es Ihnen in dieser Zeit nicht gelingen durchzukommen, schicken Sie einfach eine E-Mail mit Rückrufnummer an die Redaktion. Sie werden dann, sobald es zeitlich möglich ist, zurückgerufen.

**Ich habe 2008 und 2011 aufgrund von Empfehlungen meiner Bank viel Geld verloren. Wie ist das in Zukunft zu vermeiden?**

Indem Sie an der Börse mit den ureigensten Tugenden arbeiten: mit Disziplin, mit Ruhe und ohne Hektik. Wichtig ist vor allem auch, dass Sie diversifiziert investieren und somit nur jeweils Teile Ihres Kapitals auf eine Position verwenden. Dann sind Ausrutscher nämlich leicht verschmerzbar. Im 5-Minuten-Trader sind bei den „Time-Spreads" immer gute Risikoabfederungen möglich. Bei den „Zusatz-Prozenten" können Sie sogar nur einen gewissen Betrag maximal verlieren. Dieser ist recht klein und wird immer von mir berechnet und mit angegeben. Da kann es ruhig crashen, Sie können nicht mehr Kapital verlieren als das vorher berechnete maximale Risiko.

Auf der Webseite www.gevestor-login.de finden Sie im geschützten Leserbereich weitere interessante Fragen und Antworten rund um den 5-Minuten-Trader. Außerdem stehen Ihnen im Leserbereich das komplette Ausgabenarchiv, das historische Portfolio und viele weitere Informationen zur Verfügung.

# Glossar

## Ask

Das englische Wort „ask" heißt: „fragen". An der Börse „fragt" ein potenzieller Verkäufer einer Option beispielsweise, ob ein Käufer für einen Kurs von 125 € seine Option kaufen möchte. Das aktuell beste Verkaufs-Angebot eines Traders an der Börse erscheint im „Ask". Dieses sehen Sie bei einer Kursabfrage oder permanent in Ihrer Handelsmaske. Nehmen wir an, aktuell sind die 125 € der beste Preis, dann sehen Sie dieses Angebot bei der Kursabfrage. Sobald nun ein anderer Marktteilnehmer seine Optionen zu einem Kurs von 120 € anbietet, sind diese 5 € billiger und der neue beste Preis erscheint als Angebot. Gleichzeitig wird immer als „Ask Volumen" die Stückzahl angegeben, die zu diesem Kurs angeboten wird. Hohes Angebot, hohe Nachfrage und steter Handel einer Option stellen jederzeit aktuelle Kauf- und Verkaufspreise und garantieren so eine stete Handelbarkeit. Siehe auch unter „Bid" in diesem Glossar.

## Ausüben einer Option

Wenn Sie das Recht auf Aktienbezug bei einem Call oder Aktienverkauf bei einem Put nutzen und umsetzen und Aktien beziehen oder liefern, nennt man dies das „Ausüben einer Option". Man unterscheidet die europäische Ausübung von der amerikanischen. Eine Option mit der europäischen Ausübung kann nur am Verfallstag ausgeübt werden. Eine Option mit amerikanischer Ausübung kann jederzeit während ihrer Laufzeit ausgeübt werden. Typischerweise werden Optionen aber nicht „ausgeübt", sondern vor ihrer Fälligkeit „glattgestellt". Von daher hat diese Unterscheidung in der Praxis kaum Bedeutung. Siehe auch unter „Glattstellen" in diesem Glossar.

## Barausgleich

Bei einem Call oder Put auf eine Aktie kann das entsprechende Recht zum Kauf oder Verkauf des Basiswertes ausgeübt werden. Die physische Handelbarkeit der Aktie ist gegeben. Bei einer „Index-Option" ist die physische Handelbarkeit dagegen nicht gegeben. Am Ende der Laufzeit einer Index-Option wird daher der Gewinn oder Verlust immer bar ausgeglichen. Siehe auch unter „Ausüben einer Option" und „Index-Option" in diesem Glossar.

## Basispreis/Strikepreis

Der Basispreis einer Option legt den Preis fest, zu dem der Basiswert bei der Ausübung der Option gekauft oder verkauft werden kann. Siehe auch unter „Basiswert" in diesem Glossar.

## Basiswert/Underlying

Jede Option verbrieft das Recht auf Kauf oder Verkauf einer Aktie oder eines Finanzinstrumentes. Das in der Option bezeichnete Finanzinstrument, für das diese eine Option gilt, ist der Basiswert oder das Underlying, meistens eine Aktie. Siehe auch unter „Underlying" in diesem Glossar.

## Bid

Das englische Wort „bid" heißt: „bieten". An der Börse „bietet" ein potenzieller Käufer einer Option beispielsweise 125 € für den Kauf einer Option. Das aktuell beste Kauf-Angebot eines Traders an der Börse erscheint im „Bid". Dieses sehen Sie bei einer Kursabfrage oder permanent in Ihrer Handelsmaske. Nehmen wir an, aktuell sind die 125 € der beste Preis, der geboten wird. Sobald nun ein anderer Marktteilnehmer diese Option zu einem Kurs von 130 € kaufen würde, ist dieses Angebot besser und der neue Preis erscheint als Angebot im „Bid". Gleichzeitig wird als „Bid Volumen" die Stückzahl angegeben, die zu diesem Kurs nachgefragt wird. Je höher Angebot und Nachfrage sind, umso fairer werden dadurch automatisch die Preise für Optionen. Siehe auch unter „Ask" in diesem Glossar.

## Call

Eine Option, die zum Kauf des Basiswertes (meist eine Aktie) zu einem bestimmten Preis bis zu einem bestimmten Datum berechtigt. Siehe auch unter „Option" in diesem Glossar.

## Derivate

Derivate sind Finanzinstrumente, wie beispielsweise Optionen, bei denen es sich um Rechte zum Kauf oder Verkauf des Basiswertes handelt. Der Preis der Derivate wird aus dem Kurs des Underlyings abgeleitet.

## DTB

Abkürzung für Deutsche Termin-Börse = Eurex. An der Eurex werden unter anderem Optionen gehandelt. In der Handhabung und Ordererteilung für den Trader ist die Eurex nicht zu unterscheiden von beispielsweise der Börse Frankfurt oder Xetra.

## Eurex

Eurex = Deutsche Termin-Börse (siehe auch „DTB"). An der Eurex werden unter anderem Optionen gehandelt. In der Handhabung und Ordererteilung für den Trader ist die Eurex nicht zu unterscheiden von beispielsweise der Börse Frankfurt oder Xetra.

## Europäische Ausübung

Siehe unter „Ausüben einer Option" in diesem Glossar.

## Gedecktes Stillhaltergeschäft

Ein Stillhaltergeschäft ist gedeckt, wenn der Verkäufer des Calls oder Puts ein entsprechendes Gegengeschäft tätigt und einen Spread aufbaut bzw. wenn er die Aktien bei einem leerverkauften Call in seinem Depot hat. Siehe auch unter „Stillhalter" in diesem Glossar.

## Glattstellen

Es gibt unterschiedliche Eröffnungen einer Position im Optionen-Handel:

a) Sie kaufen einen Call oder Put = „normales" Geschäft.

b) Sie verkaufen einen Call oder Put, ohne die Position im Depot zu haben. Sie eröffnen also ein Stillhaltergeschäft.

Wenn Sie die Position schließen, egal ob „normalen" Call oder Put, oder eben auch das Stillhaltergeschäft, spricht man vom „Glattstellen" der Option.

## GTC-Order

GTC ist, aus dem Englischen kommend, die Abkürzung für: „good till cancelled" und meint damit eine zeitlich unbefristete Order an der Börse.

## Hebelwirkung von Optionen

Beim Kauf von Optionen geben Sie immer nur einen Bruchteil des Geldes aus, den Sie investieren müssten, um Aktien direkt zu kaufen. Gleichwohl kontrollieren Sie eine Zeit lang 100 Aktien pro gekauften Kontrakt Calls oder Puts und profitieren von der Kursentwicklung des Basiswertes. Dadurch können Sie erheblich höhere Gewinne auf das eingesetzte Kapital erzielen und damit einen Multiplikationseffekt erreichen. Das ist die Hebelwirkung von Optionen.

## Index-Option

Eine Option, deren Basiswert ein Index ist. Es gibt Optionen auf den Gesamtindex, wie beispielsweise den DAX oder Nasdaq, und auch auf einzelne Branchenindizes. Bei Indexoptionen kommt es immer zum Barausgleich. Siehe auch unter „Barausgleich" in diesem Glossar.

## ISIN

Eine 12-stellige Kennzeichnung aus Zahlen und Ziffern, die an deutschen Börsen den meisten Wertpapieren zugeordnet werden und diese eindeutig identifizieren. Die ISIN löste am 22. April 2003 offiziell die Wertpapier-Kennnummer (WKN) ab. **Optionen haben keine Wertpapier-Kennnummer,** sondern werden ebenso eindeutig durch die Beschreibung der Option identifiziert. Siehe auch unter „Wertpapier-Kennnummer" in diesem Glossar.

## Kauf-Option

Eine Kauf-Option ist ein Call. Siehe auch unter „Call" in diesem Glossar.

## Kontrakt

Calls und Puts werden an den Börsen nicht einzeln gehandelt, sondern in Kontrakten. Die kleinste handelbare Einheit ist 1 Kontrakt. Die Kontraktgröße bestimmt dabei die Anzahl an Optionen, die in dem Kontrakt zusammengefasst sind. Beispielsweise werden Aktienoptionen an der Eurex fast immer zu je 100 zu einem Kontrakt zusammengefasst. Sie bezahlen dann für einen Kontrakt den Optionskurs der Börse mal 100. Bei einem Optionskurs von 1,58 € bezahlen Sie also 158,- € pro Kontrakt. Im Sprachgebrauch vermischen sich die Bezeichnungen Kontrakte sowie Calls und Puts, da ein Kauf von Optionen immer nur per Kontrakt möglich ist. Wenn Sie also hören, dass jemand Call- oder Put-Optionen gekauft hat, hat er immer einen oder mehrere Kontrakte gekauft. Es gibt wenige Ausnahmen an der Eurex, bei denen eine andere Stückzahl als 100 in einem Kontrakt zusammengefasst wird (beispielsweise Index-Optionen auf den DAX mit Kontraktgröße 5).

Wenn im 5-Minuten-Trader ein solcher Kontrakt mit anderer Stückzahl als 100 empfohlen wird, werden wir deutlich darauf hinweisen.

## Laufzeit

Optionen beinhalten immer für eine festgelegte Zeit das Recht auf Kauf oder Verkauf des Basiswertes. Diese Zeit ist die Laufzeit der Option.

## Leerverkauf

Verkäufe von Wertpapieren, die sich nicht im Besitz des Verkäufers befinden, werden als Leerverkäufe bezeichnet. Der Verkauf von Calls oder Puts, ohne dass diese im eigenen Depotbestand sind, führt zum Stillhalter- oder gedeckten Stillhaltergeschäft. Dieser Verkauf ist ein Leerverkauf.

## Limit-Order

Beim Kauf oder Verkauf einer Option geben Sie einen maximalen Kauf- oder Mindest-Verkaufspreis an, zu dem Ihre Order ausgeführt werden kann. Einen ungünstigeren Preis akzeptieren Sie nicht. Bei Optionen sollten Sie die „Limit-Order" immer nutzen.

## Margin

Sicherheitsleistung zur Risikoabdeckung beim Eingehen von Optionsgeschäften. Bei Optionen wird sie nur bei einem Short-Call oder -Put erforderlich. Eine Margin wird durch eingezahlte Barmittel auf das Depotkonto oder die Wertpapierbestände im Depot erbracht.

## Option

Ein Call oder Put, der es dem Inhaber gestattet, eine bestimmte Zahl von Einheiten des Basiswertes zu einem festgelegten Preis innerhalb eines bestimmten Zeitraums zu kaufen oder zu verkaufen.

## Optionsschein

Im Englischen auch „Warrant" genannt. Ein Optionsschein ist ein von Emittenten herausgegebenes Wertpapier, das in seinen Eigenschaften Optionen angepasst ist. Ein wichtiger Unterschied zu Optionen besteht in der Möglichkeit der Kursbeeinflussung des Optionsscheines durch seinen Emittenten. Ein anderer entscheidender Unterschied ist, dass Stillhaltergeschäfte bei Optionsscheinen nicht möglich sind.

## Order

Ein Kauf- oder Verkaufsauftrag für eine Option, eine Aktie oder ein anderes Wertpapier.

## Prämie

Im Stillhaltergeschäft nennt man den eingenommenen Preis der leerverkauften Option die „Prämie".

## Put

Eine Option, die zum Verkauf des Basiswertes (meist eine Aktie) zu einem bestimmten Preis bis zu einem bestimmten Datum berechtigt. Siehe auch unter „Option" in diesem Glossar.

## Realisierung

Verkauf oder Glattstellung einer Option zur Sicherstellung von Kursgewinnen, beispielsweise zur Begrenzung von Kursverlusten.

## Restlaufzeit

Zeitraum bis zum Verfall einer Option. Jede Option gibt ihrem Käufer das Recht, während der Laufzeit oder an deren Ende einen Basiswert zum festgelegten Preis zu kaufen oder zu beziehen. Die Zeit, für die eine bestimmte Option dieses Recht noch beinhaltet, nennt man Restlaufzeit.

## Stillhalter

Ein Investor (der Stillhalter) verkauft Optionen, ohne diese im Bestand zu haben. Er leiht sie sich von seinem Broker. Damit geht der Stillhalter eine festgelegte Zeit hinweg die Verpflichtung ein, den der Option zugrunde liegenden Basiswert zu einem festgelegten Preis zu liefern (verkaufter Call) oder abzunehmen (verkaufter Put). Für dieses Geschäft erhält der Stillhalter den Kaufpreis der Option, die man Prämie nennt.

## Stillhaltergeschäft, gedeckt

Ein Stillhaltergeschäft ist gedeckt, wenn der Verkäufer des Calls oder Puts ein entsprechendes Gegengeschäft tätigt und einen Spread aufbaut bzw. wenn er die Aktien bei einem leerverkauften Call in seinem Depot hat.

## Stopp-Buy-Order

Wenn Sie einen Kursausbruch einer Aktie erwarten, deren Kurs bei-spielsweise bei 50 € notiert, und Sie aus der Chartanalyse sehen, dass bei Notierungen über 53 € wohl höhere Kurse zu erwarten sind, können Sie eine Order an der Börse platzieren, die sagt: „Kaufe diesen Wert, sobald er den Kurs von 53 € erreicht hat". Eine solche Order nennt man „Stopp-Buy Order". Bei Optionen empfehle ich diese Order jedoch nicht.

## Stop-Loss

Wenn Sie eine Kursgrenze ausgemacht haben, bei der Sie sagen: „Wenn die Aktie tiefer geht als bis zu diesem Punkt, verkaufe ich", platzieren Sie eine Stop-Loss Order, die ausgelöst wird, sobald dieser Kurs erreicht wurde. Bei Optionen empfehle ich diese Order aber nicht.

## Straddle

Ein Straddle ist der gleichzeitige Kauf eines Puts und eines Calls auf denselben Basiswert mit denselben Basispreisen.

## Strangle

Ein Strangle ist der gleichzeitige Kauf eines Puts und eines Calls auf denselben Basiswert mit unterschiedlichen Basispreisen. Er optimiert im Vergleich zum Straddle das Risiko oder die Gewinnchancen, indem er Risiko oder Chance stärker gewichtet.

## Termingeschäftsfähigkeit

Der Handel mit Optionen ist juristisch definiert als ein Termingeschäft. Termingeschäfte sind nur dann verbindlich, wenn beide Vertragsparteien termingeschäftsfähig sind. Privatpersonen erhalten die Termingeschäftsfähigkeit, wenn sie über die Risiken der Termingeschäfte aufgeklärt worden sind. Dieses übernimmt der Broker oder die Bank und lässt sich diese Aufklärung schriftlich bestätigen.

## Underlying

Underlying = Basiswert – Jede Option verbrieft das Recht auf Kauf oder Verkauf eines Finanzinstrumentes, in der Regel eine Aktie. Das der Option zugrunde liegende Underlying (Basiswert) ist meist eine Aktie oder ein Index. Siehe auch unter „Basiswert" in diesem Glossar.

## Unlimitierte Order

Eine Order, die ohne einen maximalen Preis beim Kauf oder Mindestpreis beim Verkauf einer Option erteilt wird, ist „ohne Limit" erteilt und wird dann zum bestmöglichen, kurzfristig erreichbaren Kurs ausgeführt. Siehe auch unter „Limit-Order" in diesem Glossar.

## Verfall

Eine Option hat immer eine begrenzte Laufzeit, innerhalb deren pro Kontrakt meist 100 Aktien des Basiswertes kontrolliert werden. Nach dem in der Option festgelegten Datum verfällt das Recht, die Aktien zu kontrollieren, d. h. diese zu kaufen oder zu verkaufen. Typischerweise werden Optionen vor ihrem Verfallstermin oder -datum glattgestellt. Jede Option hat einen Verfallsmonat. In Deutschland und in den USA ist der Verfallstag immer der 3. Freitag im genannten Verfallsmonat.

Bei einigen Index-Optionen, wie beispielsweise den „Dax-Optionen", sind auch wöchentlich Freitag verfallende Optionstermine handelbar.

## Verkaufs-Option

Eine Verkaufs-Option ist ein Put. Siehe auch unter „Put" in diesem Glossar.

## Warrant

Eine aus dem Englischen kommende Bezeichnung für Optionsschein. Siehe auch unter „Optionsschein" in diesem Glossar.

## Wertpapier-Kennnummer

Eine 6-stellige Kennzeichnung aus Zahlen und Ziffern, die an deutschen Börsen den meisten Wertpapieren zugeordnet werden und diese eindeutig identifizieren. Die Wertpapier-Kennnummer (WKN) wurde am 22. April 2003 offiziell durch die 12-stellige ISIN (International Securities Identification Number) abgelöst. Aus praktischen Gründen wird die WKN aber weiter verwendet. Optionen haben keine WKN, sondern werden durch deren Beschreibung ebenso eindeutig identifiziert. Siehe auch unter „ISIN" in diesem Glossar.

## Zertifikat

Unter einem Zertifikat versteht man einen Anteilschein an einem Investment-Fonds.

# Über den Autor

## Michael Sturm – über mich

Im Folgenden möchte ich Ihnen kurz erläutern, warum ich der Analyst und Redakteur bin, den Sie suchen, bzw. warum Sie sicher sein können, dass Sie mit mir und diesem Börsenbrief Geld verdienen werden.

Schon früh in meinem Leben habe ich den Kontakt zur Börse erfahren. Als 17-jähriger Aushilfs-Student in den Sommerferien bei der Bayer AG (das Surfbrett musste ja bezahlt werden) saß ich während der Nachtschicht im Aufenthaltsraum und wunderte mich und schüttelte den Kopf über einen Mittzwanziger-BWL-Studenten, welcher sich intensiv, pausenlos und unentwegt mit einer Zeitung befasste, in der nur Zahlen standen – dem Handelsblatt.

Meine Neugier befriedigte ich nach 2 Nächten Beobachtung durch ein Gespräch. Er erklärte mir daraufhin Nacht für Nacht Stück für Stück das Segment Wertpapiere. Ich war begeistert und von da an waren in mir das Feuer und die Leidenschaft für die Börse entfacht.

Ich abonnierte daraufhin selbst das Handelsblatt, und es wurmte mich, wenn es dort Zahlen gab, die mir zunächst unerklärbar waren. So habe ich diese wieder und wieder studiert und war erst zufrieden, wenn ich die Lösung dafür gefunden hatte. Es handelte sich um damals noch weitgehend unbekannte und seltene derivative Produkte: die Optionen an der DTB und Rohstoffoptionen. Dafür musste es doch auch ein umfangreicheres und besseres Medium geben.

Ich wurde fündig und abonnierte den Optionsscheinreport. Endlich war ich im „Garten Eden" der derivativen Produkte.

Fortan gelang es mir, mein Studium mit meinen „kleinen" Optionsgeschäften zu finanzieren.

Nach erfolgreichem Abschluss des Studiums stand ich vor der Wahl, einen Job in der analytischen Chemie anzunehmen oder nach etwas zu suchen, was meinem unbändigen Interesse an Börse und Wirtschaft entsprach. Im damals noch jungen Internet suchte eine Finanzinformationszeitung einen Autor für die Zusammenfassung des täglichen Börsengeschehens. Ich bewarb mich mit 3 Schriftproben und erhielt die Zusage, das Ressort Börse und Wirtschaft als Redakteur zu übernehmen. Ich nahm trotz ungewisser finanzieller Zukunft an. Der Bauch hat entschieden.

Ich habe 3-mal täglich, vor, während und nach Börsenschluss, das Geschehen zusammengefasst. Die sehr positive Resonanz der Leser auf die Texte veranlasste die Zeitung zu dem Schritt, einen eigenen Newsletter durch mich aufzubauen. Diesen ergänzte ich dann durch 2 Musterdepots, ein konservatives und ein derivatives, in die ich realistische nachvollziehbare Tradings, welche an die Kunden sofort per Mail gesendet wurden, einbaute. Transparent sollte es sein!

Die positive Resonanz übertraf unsere Erwartungen deutlich, und dem Dienst gelang es nach kurzer Zeit, etwa 3.500 registrierte Kunden zu zählen. Bei dem vom damaligen Finanzradar durchgeführten allmonatlichen Ranking aller Finanzseiten im Internet überholten wir sämtliche Bankenseiten und Börseninformationsdienste und landeten schließlich auf Platz 1 aller Websites.

Die außergewöhnlich vielen positiven Leserbriefe und Anfragen ließen mich dann versuchen, als Kommissionär für Wertpapiere einen eigenen Kundenstamm aufzubauen, mit konkreten Empfehlungen und Erfolgshonorar. Ich absolvierte an der Frankfurter Börse die Ausbildung zum Eurex-Händler und hatte damit die Grundlage für komplizierte ProfiDerivatestrategien geschaffen. Es gelang mir, einen Kundenstamm von über 300 Kunden aufzubauen und erfolgreich zu halten.

Als dann zu Beginn des Jahres 2000 der „Neue Markt" zu seinem Höhenflug ansetzte, habe ich mich aus dem Börsengeschäft zurückgezogen. Unternehmen, die Glaspaläste und Oberklasseflotten besaßen, aber negative Bilanzen auswiesen, ließen mich nur den Kopf schütteln. Als dann noch ein Postbote an der Theke fragte: „Ey, hast du auch EM.TV?", war für mich endgültig Schluss. Im Endeffekt die richtige Entscheidung.

Ich habe mein Kapital dann erfolgreich in Unternehmen investiert, die auf alternative Energien setzen. Aber ich habe auch erkannt, dass ich im Herzen kein Unternehmer bin, und wollte „back to the roots!"

Meine Berufung ist das Analysieren, meine Leidenschaft das Schreiben und mein Erfolg der begeisterte Kunde.

Heute gebe ich erfolgreich den 5-Minuten-Trader heraus – ein Börsenbrief, in dem meine Überzeugung zum Tragen kommt, dass man immer, in jedem Marktumfeld, gutes Geld verdienen kann, wenn man Disziplin und Geduld mit Erfahrung mischt. Und genau das möchte ich Ihnen vermitteln, damit auch Sie in 10 Jahren sagen können: „Ja, ich habe an der Börse viel Geld verdient und kann jetzt finanziell sorgenfrei leben!"

# Über den Verlag

# Weitere Informationen
# rund um den „5-Minuten-Trader" ...

## ... finden Sie auf unserem Kundenportal
# www.gevestor-login.de

**Loggen Sie sich dafür einfach mit Ihrem
Benutzernamen (Ihrer Kundennummer) und Ihrem
Passwort (Ihre Postleitzahl) ein.**

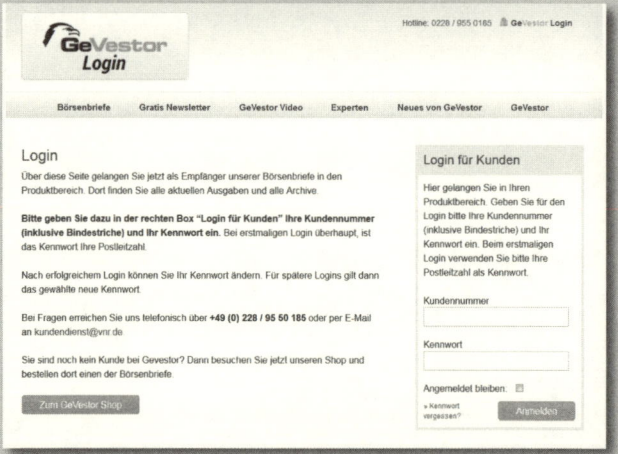

Mit mehr als 25 Jahren Erfahrung in unabhängiger und konkreter Anlageberatung sind wir bestens gerüstet, Ihr Vermögen zu beflügeln. Seit 1987 schätzen unsere Kunden die qualitativ hochwertigen und unabhängigen Informationen unserer namhaften Experten, die in unserem Fachverlag ein Netzwerk aus über 50 Analysten und Redakteuren bilden – dies unter dem Dach der renommierten Verlag für die Deutsche Wirtschaft AG.

Die Beratungskompetenz unserer Fachleute geht durch alle Finanzbereiche – von festverzinslichen Wertpapieren über Aktien und Hebelprodukte bis hin zu Immobilien. Auch steuerliche und rechtliche Aspekte sowie wirtschaftspolitische Themen beleuchten wir regelmäßig und tiefgründig – mit Hinweisen auf deren Bedeutung für das Vermögen unserer Leser.

## Wohlstand aufbauen und sichern

Es geht uns schon immer darum, das Vermögen unserer Kunden zu vermehren und zu sichern – flexibel und auf verschiedenste persönliche Bedürfnisse ausgerichtet.

Dabei sind wir nur unseren Kunden verpflichtet und absolut unabhängig von Banken und anderen Finanzunternehmen. Wir haben keine eigenen Finanzprodukte – anders als Banken, die z. B. ihre eigenen Fonds verkaufen wollen. Auch sind wir nicht abhängig von Werbegeldern und verdienen keine Provisionen, wenn wir bestimmte Instrumente empfehlen.

Unsere geldwerten Informationen, wie Börsenbriefe, Traderdienste und Finanznachrichten, publizieren wir sowohl in gedruckten Medien als auch in elektronischer Form im Internet und über E-Mail-Newsletter. Dabei unterliegen sämtliche Dienste strengen Qualitätskontrollen und einer unabhängigen Prüfung durch eine Wirtschaftsprüfungsgesellschaft.

Unabhängigkeit und Kompetenz führen dazu, dass unsere Kunden mit den von uns empfohlenen Kapitalanlagen den jeweiligen Vergleichsindex deutlich schlagen – anders, als das bei den meisten Anlageinstituten und Fonds der Fall ist.

Entdecken Sie unsere neuesten Innovationen und besuchen Sie uns auf

**www.GeVestor.de**

Mit GeVestor erstklassig beraten in die Zukunft!

Der Ausnahmedienst mit Fallschirm.

# 30-Prozent-Trader

**Der „30-Prozent-Trader" ist die ideale Ergänzung
zum „5-Minuten-Trader".**

Verlassen Sie sich nicht auf vermeintlich
sichere Anlagen. Nutzen Sie vielmehr
die ganze Bandbreite an Möglichkeiten,
um Ihr Geld sicher und schnell zu vermehren.

Chefanalyst Michael Sturm kennt die
Gesetze der Börse. Er weiß genau, wie
sie die Einlagen von Anlegern vernich-
ten können. Aber was noch viel wichtiger ist: Er weiß genau diese Gesetzmä-
ßigkeiten zu nutzen, um Ihr Geld sicher
zu vermehren.

Und darum konstruiert er Trades, die anders sind als alles, was Sie bis
heute kennengelernt haben. Denn mit diesen Trades gewinnen Sie
systematisch. Und das sogar wenn der Markt plötzlich unerwartet in
eine andere Richtung dreht.

Erfahren Sie mehr über Michael Sturms einzigartige Fallschirmstrate-
gie unter **www.profi-strategien.de**

**Risikohinweis:** Die Informationen basieren auf Quellen, die wir für zuverlässig halten. Die Angaben erfolgen nach sorgfältiger Prüfung, jedoch ohne Gewähr! Für die angemessene Platzierung von Kauf- und Verkaufsaufträgen ist der Nutzer allein verantwortlich. Gute Ergebnisse in der Vergangenheit garantieren keine positiven Resultate in der Zukunft. Aktienanlagen sowie Hebel- und Terminmarktinstrumente (Optionsscheine, Optionen, Hebelzertifikate, Futures, Mini-Futures) bieten höhere Chancen auf Gewinne, aber zugleich die Gefahr extrem hoher Verluste, die nicht nur zum Totalverlust Ihres eingesetzten Kapitals führen, sondern auch darüber hinausgehende Verluste (= Nachschusspflicht) nach sich ziehen können. Daher wird ausdrücklich davon abgeraten, Anlagemittel nur auf wenige Empfehlungen zu konzentrieren. Der Anteil einzelner Werte/Finanzinstrumente sollte – je nach Risikoeinschätzung – bis maximal 10% der für Tradinganlagen überhaupt vorgesehenen Mittel betragen. Mehr als 15 bis 25% Ihres auf aktienorientierte Anlagen ausgerichteten Depotanteils sollten Sie auf keinen Fall insgesamt unter kurzfristigeren, weniger als 6 Monate umfassenden, Tradinggesichtspunkten anlegen.